京都を壊した天皇、護った武士

「一二〇〇年の都」の謎を解く

桃崎有一郎 Momosaki Yuichiro

NHK出版新書
625

プロローグ　京都が「ミヤコ」でなくなる日──〝神話〟を解体する

〈京都に天皇一家を呼び戻そう〉運動の挫折

京都は一二〇〇年の歴史を誇る都《みやこ》だった。だった、と過去形で書くとは何ごとか、今でも京都は都だ、と（内心）抗議する人が京都には一定数いる。そこに京都の苦悩がある。

都の語源は「宮処《ミヤコ》」、つまり「ミヤがある処《ところ》＝ミヤコ」であり、この場合のミヤは天皇の宮殿のことだ。京都という都市の本質は、そこに延暦《えんりゃく》一三年（七九四）に平安京というミヤコが造られ、明治維新まで千年以上もミヤコであり続けたという事実だけにある。

明治維新で天皇一家は東京へと去ったが、「日本の首都を東京に移す」という法令は一度も出されていない。したがって日本の首都は今でも京都だ、と主張する人も多い。この議論は、近代国家の「首都《キャピタル》」と、王宮の所在地であるミヤコを混同しているので、そもそも議論として無意味だ。それについて指摘したいことは山ほどあるが、今は措《お》こう。〈ミヤコかどうか〉と〈首都かどうか〉は別問題だ、ということだけ押さえればよい。

この議論には、もう一つの混同がある。多くの人が、ミヤコを〝天皇が住む場所〟だと思っている点だ。しかし、ミヤコは〝王宮の所在地〟にすぎない。世界や日本の歴史を顧《かえり》みても、〈王宮は一つでなければならない〉という決まりはない。王宮は、どこにいくつあってもよい。王宮があればミヤコであり、そこに天皇が定住しているかどうかは二の次だ。今、東京には王宮(皇居)があるから、東京はミヤコである。

では、京都はどうか。京都には京都御所がある。あれは明治維新までの天皇の自宅であり、明治天皇が東京へ転居した後も、「天皇の家ではなくなった」と宣言されたことはないし、皇室が手放した事実もない(だから宮内庁の管理下にある)。京都御所は王宮《ミヤ》であり、したがって京都もその意味では、今のところ、紛《まぎ》れもなくミヤコである。

ところが、京都の一部の有力者は、京都の現状を自分たちの存亡の危機と受け止め、恐れ慄《おのの》いているらしい。京都府知事・京都市長を筆頭に、京都大学総長や、府・市の商工会議所・観光連盟(協会)、京都新聞社、華道の家元まで巻き込んだ「京都の未来を考える懇話会」という運動が組織され、どうにかして天皇や上皇を京都に呼び戻そうと、数年来活動しているのである。

成果は捗《はかば》々しくなかった。「退位後の上皇の御所は京都に」「新天皇の即位を京都で」などと要望したが実現せず、「せめて大嘗祭《だいじょうさい》だけでも京都で」という要望も黙殺された。政府にも皇室にも宮内庁にも、ほとんど一顧だにされた様子がない。

それらのことを私は、令和元年（二〇一九）一一月一四日から一五日にかけて大嘗祭が東京で済まされた後に、初めて、小さな報道で知った（「Ｙａｈｏｏ！ニュース」『京都新聞』連携企画記事、同年一一月一三日配信）。国民のほぼ全員が知らず、読者諸氏も今、初めて知ったのではないか。気の毒にも、この運動は京都府民・市民の間でも共感を広げられなかった、と報道はいう。

懇話会の焦りも、わからないではない。何しろ、即位・大嘗祭を東京で行う流れが、極めて自然に政府内で決まり、世論も、そこに議論の余地があるという反応を示さなかったのである。かつて天皇のお膝元だった京都が、天皇の特別な行事で、少しも特別な配慮の対象にならない、いわば〝空気〟になってしまう趨勢《すうせい》が、いよいよ確定しつつあるということだ。

京都御所――京都と天皇制をつなぐ一本の細い糸

この問題は、近代になって天皇が東京へ移住した時から尾を引いてきた。明治天皇が明治二年（一八六九）に東京へと去った時、京都では盛大な抗議行動が予想された。明治政府は苦慮し、一つのごまかしで乗り切った。京都をミヤコとして温存しつつ、東京もミヤコとして、しばらく天皇一家が東京に〝長いお出かけ〟をしたことにしてしまおう、と。

それには絶対条件があった。京都御所を、解体したり移築したりしないことだ。京都御所を完全に温存することで、それが今後も天皇の自宅であり、したがって京都も今まで通りの扱いを保証される、と暗示したのだ。

もちろん、言葉で確約したわけではないので、期待は次第に裏切られていった。大正・昭和天皇の即位と大嘗祭は京都で行われたが、それは明治二二年制定の皇室典範《てんぱん》に定められていたからである。しかし、太平洋戦争の敗戦から二年後の昭和二二年（一九四七）、皇室典範は新たに制定し直され、以後、即位・大嘗祭が京都に縛られる理由はなくなった。

懇話会の人々は、「大嘗祭は本質的に京都で行ってこそ正しい」と誤解しているようだが、明治維新以前に大嘗祭を京都で行ってきたのは、そこに天皇が住んでいたからにすぎない。逆にいえば、天皇の住居から数百㎞も離れた京都で行われた二回は、近代特有の異常事態であり、そうした特殊な事情がない限り、即位も大嘗祭も今の天皇の住居の近辺で行う、というのが最もシンプルで歴史的な正解である。

さらに、明治天皇の伏見桃山陵《ふしみももやまりょう》を最後として、京都近辺に葬られた天皇はいない。大正天皇が没した時は、東京都八王子市に天皇の埋葬地（武蔵陵墓地《むさしりょうぼち》）が設定され、そこに大正天皇の多摩陵《たまりょう》が築かれた。次代の昭和天皇も、その埋葬地に増設された武蔵野陵《むさしのりょう》に葬られた。これにより、直近の祖先である大正・昭和天皇への祭祀を疎《おろそ》かにできない天皇は、東京を離れられなくなり、大嘗祭どころか、京都に帰住する可能性も限りなくゼロに近くなった。祖先をどこに埋葬するかは、子孫がどこに定住するか、という決意を示すメッセージなのだ。

京都はいずれ、奈良のようになるだろう。それはミヤコとして生まれ、天皇に去られた都市の宿命だ。しかし、奈良との決定的な違いが一つある。御所（王宮）の存在である。かつて、桓武《かんむ》天皇は奈良を捨てた時、奈良に自分の王宮を残さなかった。移築して新しいミヤコで再利用したからだ。しかし、明治政府は京都に京都御所を残した。京都は今や、その京都御所という建造物一つだけで、天皇制とつながっている（京都に宮内庁御用達の店は数多いが、制度としての天皇制とは無関係だ）。それは極めて細く不安定な糸である。

京都御所は一見、今も威風堂々《いふうどうどう》と屹立《きつりつ》して見える。しかし、右のような立場を念頭に置くと、全く見え方が変わる。京都御所は、京都と天皇制の絆《きずな》が日に日に消えゆく中で、一縷《いちる》の希望として、重責を一身に背負い、東京に移築されて安堵《あんど》の日を迎えることも許されず、不安そうに孤独に建っているように見える。

京都御所もモノであるから、いつか必ず壊れる。そうなる日はまだまだ先だと思っていたが、令和元年（二〇一九）一〇月三一日、沖縄の首里城《しゅりじょう》が全焼した日、私の考えは変わった。事故で京都御所が跡形もなくなる日は、今日明日にでも訪れかねない、とあの火災は証明した。

　その時もし、元通りに戻そうという世論の支持がなければ、京都御所は消える(令和二年の春から猛威を振るった新型コロナウィルス災害からの復興に莫大な予算を割かれる中で、明らかに〝不要不急〟の、もはや誰も住まない皇室の私物の復興に、税金を投入することは容易でなさそうだ)。京都御所が消えれば、京都は天皇制との物理的な絆を失う。「京」の字も「都」の字も、そして「京都」の二文字も訓読みすれば「ミヤコ」であり、私たちが固有名詞として扱っている「京都」は、実はミヤコを意味する普通名詞である。その京都から御所《ミヤ》がなくなればミヤコとはいえなくなるから、もはや京都は「京都」と名乗る資格さえ失いかねない。その意味で、京都御所は京都そのものであり、京都御所が消滅する日、京都はただの地方都市になる。

　しかも、今回の譲位で、今後、即位や大嘗祭の会場にも、仙洞《せんとう》御所(上皇の住居)にも、京都や京都御所が選ばれることはない、と事実上確定した。それらがまとめて起こった令和元年は、実に画期的な年だった。京都と天皇制を結ぶ糸は、今や極限まで細い。その糸が今後どうあるべきか、もし保つべきならどう保つべきか。それらを考えるのに、今は希有の好機だと、前向きに捉えるのもありではないか。

京都の〝神話〟を解体し〝歴史〟と対峙する

　私たちは、京都と京都御所の歴史全体を直視すべき段階に来ているように思う。できれば〝なかったこと〟にしたい、不都合な史実も含めてだ。私は、それを広く一般に紹介する価値があると信じ、いわば〝京都と京都御所の履歴書〟として、本書を執筆した。履歴書であるから、何がいつ、どこに、どうして生まれ、どのように成長と挫折《ざせつ》を味わい、今の形になったかを、時系列的に追ってゆくことになる。ただし、実際の履歴書の経歴欄のような年表にしてしまっては、味気ない。

　京都の本質というべき京都御所を造ったのも、維持したのも、そして破壊したのも人であり、権力者である。権力者たちは、京都御所が何であると信じ、どうあるべきと信じ、結果として京都御所をどう扱ってきたか。その分析によってしか、〈京都とは何か〉という問題の答えは得られない。京都御所は、各時代の権力者たちと京都の関係を照らし出す鏡であり、権力者たちが天皇制をどう扱おうとしたかを映す鏡にほかならないからである。

　それらの権力者の大部分は、実は天皇ではない。京都御所の原型が芽生えた時は鎌倉時代、つまり、すでに武士の時代を迎えていた。以後、明治維新まで七世紀近く、日本の最高権力者は武士だった。そこで本書では、〈武士が京都御所をどう扱ってきたか〉をメインテーマに据《す》えることになった。それに沿って調べるうちに見えてきたのは、〈京都を懸命に造って護《まも》る武士と、それをこともなげに壊す天皇〉という筋書きである。

いや、逆だろう、と驚かれたかもしれないが、誤植ではない。武士と京都、と聞けば、〈武士がいかに京都御所を脅《おびや》かしてきたか〉という話が想像されやすい。しかし、本書の最大のポイントは、その通俗的なイメージとは裏腹に、武士こそが京都御所を造って維持してきた事実、そして天皇こそが京都御所を脅かしてきたという事実である。

『「京都」の誕生――武士が造った戦乱の都』(文春新書)という本で詳しく述べたが、平安京と京都は違う。平安京は、中世に入ると同時に全く性質の違う都市へと変貌し、それが「京都」と呼ばれた。平安京は天皇のために生まれた都市だが、京都は違う。京都は、天皇から権力をもぎ取った新時代の権力が、自分たちのために造った都市である。そして、京都を形成した不可欠にして最重要の原動力の一つが武士であり、武士は最初から京都の一部だった。その武士が、京都の中核である京都御所(の前身)を大切に扱ってきたのは当然なのである。

むしろ、天皇のための都市ではない京都を、天皇が自分のものにしようとした時、京都御所(の前身)はむしろ脅かされ、ひどい時は灰燼《かいじん》に帰した。本書はそのような、天皇礼賛一辺倒の歴史観にとって不都合な史実も取り上げる。

しかも、記録を精査した結果、ある天皇が犯した京都御所の前身への放火を隠蔽《いんぺい》し、その罪を他人に着せるという、近代に仕組まれた悪質な歴史歪曲を、私は新たに発見した。その曲筆は、まだ歴史学者の間でも気づかれていないようなので、本書で詳しく紹介したい。

私は京都と京都御所を、特定の政治的立場から歪められていない、公正な歴史の世界に呼び戻したい。そのためにはまず、〈天皇は絶対善であり、京都はそのような天皇が一二〇〇年もの間、民のためを想って維持してきた賜物《たまもの》である〉というまことしやかな〝神話〟に、退場してもらわなければならない。そこにしか、日本人・京都人が京都や京都御所と真剣に向き合い、それらの良き未来を模索する手立てはないと信じるからである。

京都を壊した天皇、護った武士――「一二〇〇年の都」の謎を解く　目次

第十章　後醍醐の内裏放火と近代史学の闇――足利氏の冤罪を晴らす……167

校閲　北崎隆雄
DTP　佐藤裕久

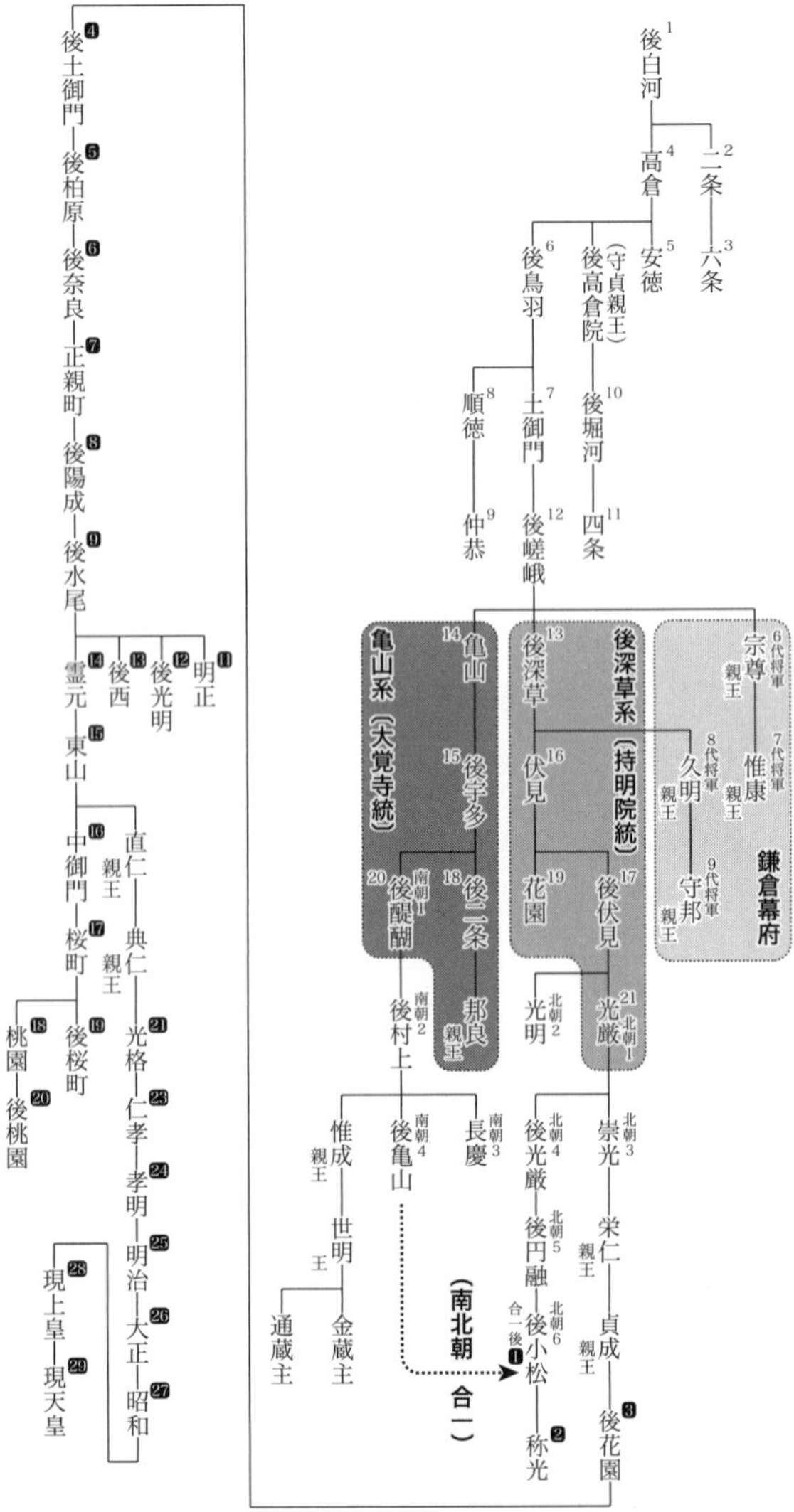

図1　中世以降の天皇家系図（数字は皇位継承順。白抜き数字は南北朝統一後の継承順）

第一部

後鳥羽上皇の野望と大内裏の終焉

第一章　肥大化する京都御所の謎

「お内裏様」の意味を忘れた日本人

まずは、身近なところから〝神話〟の解体を始めよう。

天皇の家を、「内裏《だいり》」とか「禁裏《きんり》」と呼ぶ。聞いたことがない、と思われた読者は、よく思い出していただきたい。誰もが何度も、幼少期から聞かされたはずだ。三月の雛《ひな》祭の定番曲「うれしいひなまつり」の、「おだいり様とおひな様～」の「だいり」である。

日本では、貴人の名を直接呼ばず、その人が住む建物の名で呼んで敬意を表す習慣が根強かった（前著『室町の覇者 足利義満』）。そこで戦国時代頃から、禁裏に住む天皇自身を「禁裏（様）」と呼んだ。同じ原理で、「お内裏様《だいりさま》」も天皇を指す。女の子たちも、買い与える親たちも気づいていないが、あの子たちは〝天皇と皇后の人形セット〟で遊んでいるのである。

三月三日の雛祭は、女子の立派な成長を願う行事なので、本来は「うちの娘も天皇陛下のお妃《きさき》様のような玉の輿《こし》に乗れますように」という願いを込めていたはずだ。五月五日の端午《たんご》の節句で、武者人形を男子に買い与えて「強い男になれよ」と願うのと、同じ発想である。

最近、ネットやマスコミで、あの歌の「お内裏様とお雛様」という歌詞は間違いだ、と主張する発言を多く見かける。雛人形は男雛《おびな》・女雛《めびな》の両方合わせて「お内裏様」なので、男雛だけを「お内裏様」と呼ぶのは誤りだ、と。それを見るたびに、私は仰天する。

中には、「内裏とは天皇の宮殿を意味するので、そもそも人を指しているはずがない」とレクチャーする説さえある。それを見るたびに、私は悶絶する。ネットを検索すると、それらの説が一番上に何個も出てくる。絶望的なのは、雛人形屋のウェブサイトに堂々と書かれていることだ。雛人形屋の中には、自分が何を作っているかわかっていない業者がかなりある(後でもう一つ、その証拠を挙げよう)。

歴史学者として請け合うが、それらの説は天皇と内裏の関係を誤解しており、絶対に信じてはいけない。ネットの力は本当に恐い。誤解も大合唱になると、訂正するのに気が遠くなる労力が必要になり、いつか皆が匙《さじ》を投げて、誤解が〝日本文化〟の顔をして闊歩《かっぽ》してしまう(近年、学校教育にまで入り込んできたらしい〝江戸しぐさ〟はその代表格だ。詳しくは山本弘『ニセ科学を10倍楽しむ本』〔ちくま文庫、二〇一五年〕で堪能されたい)。

歴史上、「内裏」「禁裏」と呼ばれたのは天皇だけであって、天地がひっくり返っても、天皇でない人は「お内裏様」に絶対に含まれない。天皇夫婦の人形を「内裏雛」と呼ぶのは、「お内裏様（天皇）」を主役とする人形セットだからである。その証拠に、今でも地方には「親王雛《しんのうびな》」がある。男雛が親王で、彼が主役だから、という理由以外にそのネーミングはあり得ない（天皇の娘は必ず「内親王」と呼ばれるし、夫だけが天皇の子である夫婦二人を合わせて「親王」と呼ぶ風習は歴史上、断じて存在しない）。人を指す「お内裏様」という言葉に、皇后を含めるのは論外だ。雛人形は、飾られる人形すべてが「お雛様」であり、最上段の男性だけが「お内裏様」である。

生後すぐの鳥を雛鳥《ひなどり》といい、小さな標本（模型）を雛形《ひながた》といい、小さな独楽《こま》を雛独楽《ひなこま》といったように、日本人は〝本来の姿より小さい相似形〟を「ヒナ」と呼んできた。雛人形も〝人を小さく象《かたど》ったモノ〟で、本来、内裏や天皇・皇后に限る必要はない（前述の「親王雛」はその証拠）。昔はそれがわかっていたので、わざわざ〝内裏雛〟と呼んだ。その心は〝内裏のミニチュア〟である。

もう一つ、改めて欲しい「お内裏様」の扱いがある。東京の人が、「お内裏様」を左に置き、女雛を右に置くことだ。東京のデパートで雛人形を見かけてしまうと、左右を入れ替えたい衝動を抑えきれない。日本の伝統文化では、左と右の間には序列があり、必ず偉い方（上の者）が左にある。雛人形では天皇（お内裏様）の方が偉いので、左にいるべきだ。

ならば合っているではないか、と思った人は、知らぬ間に自分中心でものを見ている。大事なのは、天皇（お内裏様）の視点から見てどちらが左か、である。我々と向き合うお内裏様にとっての左は、我々にとっての右だ。だから向かって右側にお内裏様を置くべきだし、現に京都では今もそうしている。

京都の地図を広げれば、我々から見て右（東）が左京《さきょう》、左（西）が右京《うきょう》だ。京都御所に行けば、我々から見て右に左近《さこん》の桜、左に右近《うこん》の橘《たちばな》が植えてある。天皇が北にいて、南を向いて人と接するのでそうなる。京都人は、天皇と伝統文化を扱う上での最低限の知識をまだ持っているが、東京人は（伝統人形の作り手でさえ）完全に忘れてしまった。

この話をしたのは、日本人がすっかり「内裏」の本質を忘れてしまったことを実感して欲しいからだ。それを思い出さないと、たとえば京都御所を見ても大事なものを見落としてしまう。それはつまり、せっかく京都へ旅しても、アトラクション化した神社仏閣や町々で〝歴史〟を装った〝神話〟ばかり聞かされ、日本文化の大切な核心を何も見ずに帰って来るということだ。

図2　空からみた現在の京都御所（写真提供：共同通信社）

図3　現在の京都御所・紫宸殿（写真提供：朝日新聞社）

場所も姿も原形をとどめていない京都御所

京都御所を見て、多くの人はこう思う。さすが天皇の御所、立派で雅《みやび》で、一二〇〇年の都に君臨した威厳を目の当たりにする思いだ、と。しかし、それは意図的に導かれた誤解だ。そもそも、千古の昔からあの場所に、あのようにして御所があったのではない。

場所がおかしいことは、地図を見ればわかる(次頁の図4、また一〇二頁の図7も参照)。京都御所の北端は、一条通《どおり》より一三〇m北にある。一条通はかつての一条大路《おおじ》であり、それは平安京の北の境界だった。ということは、京都御所は平安京の北の境界から、一三〇mもはみ出ている。これだけでも、今の京都御所が平安京の規格を無視し、平安時代のあり方から逸脱していることがわかる。

しかも、私たちは学校で、朱雀大路《すざくおおじ》が平安京の中心(中軸線)だと習った。その朱雀大路が、平安京の大内裏《だいだいり》(内裏を含む本来の王宮地域)の中心でもあった。今、その朱雀大路にあたる道を千本通《せんぼんどおり》という。一方、京都御所を囲む京都御苑《ぎょえん》の西側に沿って通る烏丸通《からすまどおり》は、千本通から一・五㎞も東にある。京都御所の中心(中軸線)はさらに東で、千本通(平安京の中心)から一・八㎞も東にある。もちろん大内裏の外である。これほど東に偏《かたよ》り、大内裏から外れ、北側に向けて平安京を突き抜けてしまった京都御所は、平安時代の内裏の原型をとどめていないといってよい。一体なぜ、そしていつ、そうなってしまったのか。

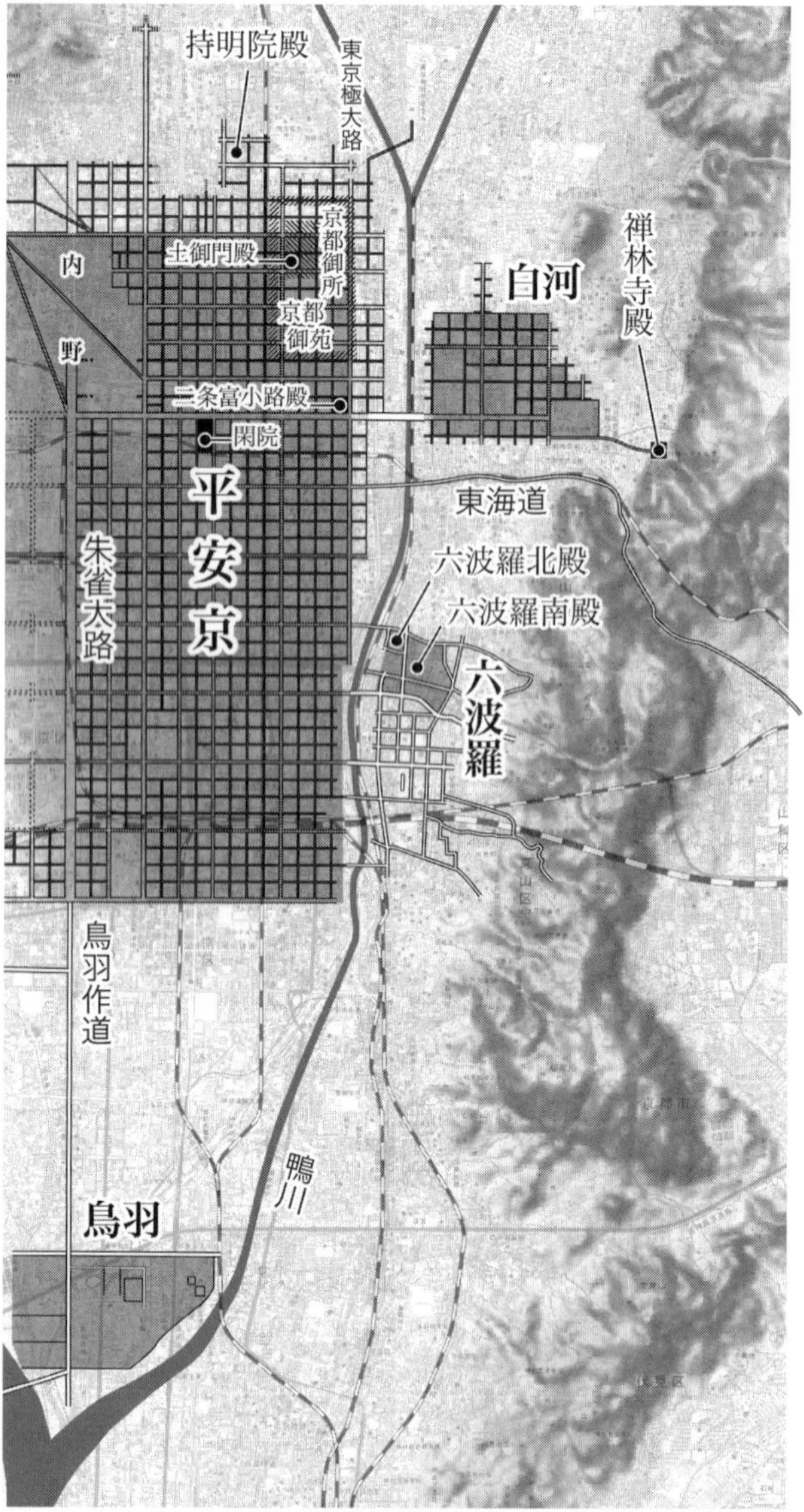

区や道路の形状・位置は山田邦和2012を原図とした)

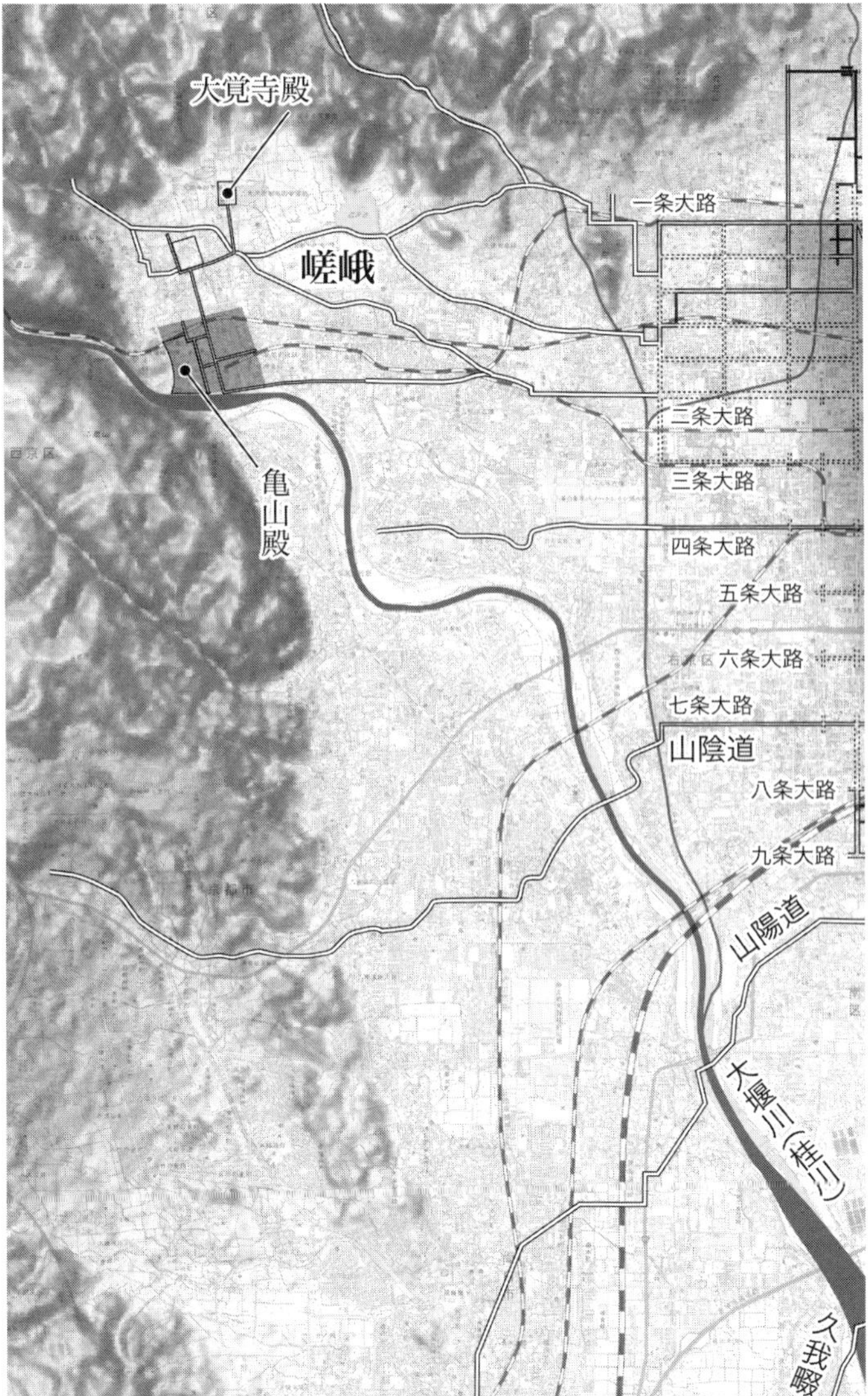

図4　京都と周辺郊外（鎌倉～室町期。特定の一時点ではない。内野と北郊を除く街

〝いつ〟なのかは解明されている。一〇世紀半ばを皮切りに、内裏はしばしば大内裏の外に造られた。そうした内裏は、〝京の市街地に造られた仮の内裏〟という意味で、「里内裏《さとだいり》」と呼ばれた。歴代の天皇は、ある時期を境に里内裏ばかりに住むようになり、一三世紀前半を最後に、二度と大内裏の中に戻らなかった。その後、内裏は平安京の中を転々と彷徨《さまよ》い、一四世紀半ばの南北朝時代初期に、今の場所に落ち着いた。

〝なぜ〟という疑問にも、一応の答えはある。大内裏は何度も火災に遭《あ》って天皇がしばしば焼け出され、里内裏での暮らしを余儀なくされた。一般には、鎌倉時代に大内裏を再建する財力が尽きたため、不本意ながら戻れなくなったと考えられてきた。

それは半分真実だが、半分違う。実は、鎌倉時代より前の一一世紀に、大内裏を再建する財力の有無にかかわらず、里内裏が好まれ始め、意図的に里内裏が多用されていた。

詳しくは前著『平安京はいらなかった』を参照されたいが、里内裏の多用が始まった時期は、白河《しらかわ》法皇が院政（退位した天皇、つまり上皇が取り仕切る政治）を始めた時期と重なる。朝廷には、〈退位した天皇は、内裏や大内裏で新天皇と同居できない〉という暗黙の鉄則がある。そのため、白河法皇は子や孫である天皇を里内裏に住まわせ、自分は隣や至近距離に住んで、天皇の後見人であることを誇示し、天皇を操ったのである。

そして何より、利便性の問題があった。大内裏の内裏は儀礼のための空間として造られているので、生活に不向きで、しかも広すぎた。それは天皇の権威のための仕様なので天皇は我慢すべきだったが、里内裏でないと天皇の隣に密着できないので、白河法皇は「天皇も住みたい場所に快適な住居を造って住めばよい」と公言した。以後、それがそのまま内裏の基本思想になり、里内裏が好んで使われ、大内裏はほとんど打ち捨てられた。

そうなると、里内裏が本来持っていた〝仮設の内裏〟という性質は薄れてゆくが、完全には消えない。大内裏の中になければ、どれほど立派でも、恒久的に使われても里内裏なのであって、五世紀もの長きにわたって使われ続けた京都御所も、里内裏である。

小さな仮住まいがなぜ肥大化していったか

しかし、現在の京都御所は、仮設の内裏というにはあまりに巨大で壮麗だ。そもそも、京都御所を取り囲む京都御苑《ぎょえん》の広さが尋常でない。南北約一二七〇m×東西約六九〇mもあり、東京ドームでいうと一九個分にもなる。その御苑の一部を占めるに過ぎない京都御所さえ、南北約四五三m×東西約二五四mの規模を誇り、これも東京ドームでいうと二・五個分もある。仮設の内裏がそこまで巨大化するというギャップは、何を意味するのか。

実は、京都御所は最初からあのような巨大建造物ではなかった。京都御所は本来、「土《つち》御門殿《みかどどの》」と呼ばれる内裏だった。「殿」は貴人の邸宅を意味し、本来それは名前の通り〝土御門大路《おおじ》に面する貴人の邸宅〟に過ぎなかった。それが内裏となったのは、建武《けんむ》三年（一三三六）に光明《こうみょう》天皇が、この邸宅で践祚《せんそ》（皇位継承）した時からだ。

専門家は、前の時代の内裏と区別するために「土御門内裏」とも呼ぶが、そうした区別は、当時の人々には不要だった。土御門内裏の出現以降、明治維新まで一度たりとも、ほかの内裏が存在しなかったからだ（再建工事中の仮住まいは除く）。人々は土御門内裏を、ただ「内裏」とか「禁裏」と呼んだ。今、それをわざわざ「京都御所」と呼ぶのは、明治維新で天皇が東京の「皇城《こうじょう》（宮城《きゅうじょう》）」（現在の「皇居」）に住み、五世紀ぶりに内裏が二つに増えた結果、区別の必要が生じたからである。

その土御門内裏は、とにかく狭い。正方形の区画を敷き詰めて〝碁盤の目〟にたとえられる平安京では、一つの正方形の土地を一町《いっちょう》といい、面積は約一二〇m（四〇丈《じょう》）四方である。その単位で数えると、土御門内裏の広さは当初、半町（一町の半分）しかなかった。それが、室町時代と江戸時代に何度か拡張され、今の規模になったのである。

今の京都御所は、繰り返すが南北四五三m×東西二五四m（一一五〇六二㎡）もの広さがある。「町」単位でいうと、南北三・五町×東西二町ほどだ。これに対して、成立当初の土御門内裏は南北〇・五町×東西一町（約六〇m×約一二〇m＝七二〇〇㎡）しかない。現在の京都御所と面積を比べると、何とわずか六％あまりである。室町時代初頭の応永《おうえい》九年

(一四〇二)に足利義満が二倍に拡張したが、それでも現在の一三%にすぎない。

平安京の造営当初に造られた、大内裏の中の本来の内裏(大内《おおうち》)と比べても小さい。本来の内裏は、南北一〇〇丈×東西七三丈(三〇〇m×二一九m。六五七〇〇㎡)と伝わる(『大内裏図考証』六-内裏所引『南部所伝大内裏一古図』)。今の京都御所の三分の二しかないが、それでも広い。成立当初の土御門内裏の面積はその一一%しかなく、義満が二倍に拡張した後でも二二%しかなかった。

重要なのは、江戸時代に肥大化し始めるまで、何と二七五年もの間、内裏が一町以下という小ささを保ったことである。その時間は江戸幕府の寿命とほぼ同じで、それほど長くその姿だったのなら、それを一時的な仮の姿と見ることはできない。中世以降、内裏とはそういうものだったのであり、それが必要にして十分な大きさだった、ということだ。

誰が京都と内裏を維持し、誰が破壊してきたか

これはいい換えれば、その程度の広さの宮殿しか必要としないほど、朝廷と天皇の果たした役割が小さかった、ということでもある。中世を通じて、武士の権力闘争は激しさを増す一方、天皇の権威は縮小の一途をたどったのだから、当然だった。

さらに近世に入ると、江戸幕府は元和《げんな》元年(一六一五)の「禁中 并《きんちゅうならびに》 公家諸法度《くげしょはっと》」で、史

上初めて天皇の責務を法で縛った。また寛永《かんえい》六年(一六二九)の「紫衣《しえ》事件」では、天皇が自由に恩典を与える権限を幕府が否定し、天皇の力は制限される一方だった。力がなければ大きな仕事はできない。それなら大きな仕事場(内裏)も必要ないのが道理である。

すると、我々は次の謎に直面し、当惑させられる。京都御所が二七五年間もその小ささで満足していたなら、なぜ一七世紀初頭から肥大化を始め、今の大きさになったのか。その拡大は急激で、最終的には一六倍にもなった。ここまで規模が違えば別物である。

しかも、御所が急拡大を始めたのは、ちょうど「禁中幷公家諸法度」の制定や紫衣事件があった時期と重なる。天皇の力が削られてゆく時期に、反比例して天皇の住居が急拡大を始め、まるで天皇の権威が増したかのような景観を呈するのは、あまりに逆説的ではないか。力のない天皇が、なぜ巨大宮殿を造営できたのか。

その謎を解く鍵が武士である。京都御所(土御門内裏)の拡大にとって重要なのは、実は天皇の権威や権力ではない。重要なのは武士、正確には武士の政権である幕府の権威や権力であり、その増大に伴って京都御所は肥大化した。その関係こそ京都御所の本質である。

では、一体なぜ、そのような関係になったのか。それを知るために、一度、幕府が生まれた時代まで遡《さかのぼ》ろう。

第二章　鎌倉幕府の内裏造営丸抱え──「朝の大将軍」と世論

長い戦乱と大災害で虫の息になる京都

元暦《げんりゃく》二年（一一八五）、壇浦《だんのうら》の戦いで平家が滅んだ。これで、治承《じしょう》四年（一一八〇）に始まって足かけ六年にも及んだ、（それまでの）歴史上最大の内戦が終わった。

内戦の終盤には、すでに源頼朝《みなもとのよりとも》と弟の義経《よしつね》の対立が始まっており、平家滅亡の直後から表面化したが、義経を保護した奥州《おうしゅう》藤原氏を頼朝が滅ぼして、その争いも終わった。文治《ぶんじ》五年（一一八九）のことだ。その日、戦時が本当に終わり、後には焦土が残った。

長い戦乱は日本全国に等しく大打撃を与えたが、西日本、とりわけ京都の被害は群を抜いていた。それは、天災と人災が集中的に京都を襲ったからだ。まず、安元《あんげん》三年（一一七七）に、〝安元の大火〟という大火事が、京都の住宅密集地のほとんどを焼き尽くし、翌治承二年には、〝治承の大火〟という大火事が、左京の七条大路付近を広範囲に焼いた（それぞれ「太郎焼亡《じょうもう》」「次郎焼亡」と呼ばれて人々の記憶に刻まれた）。さらに二年後の治承四年、

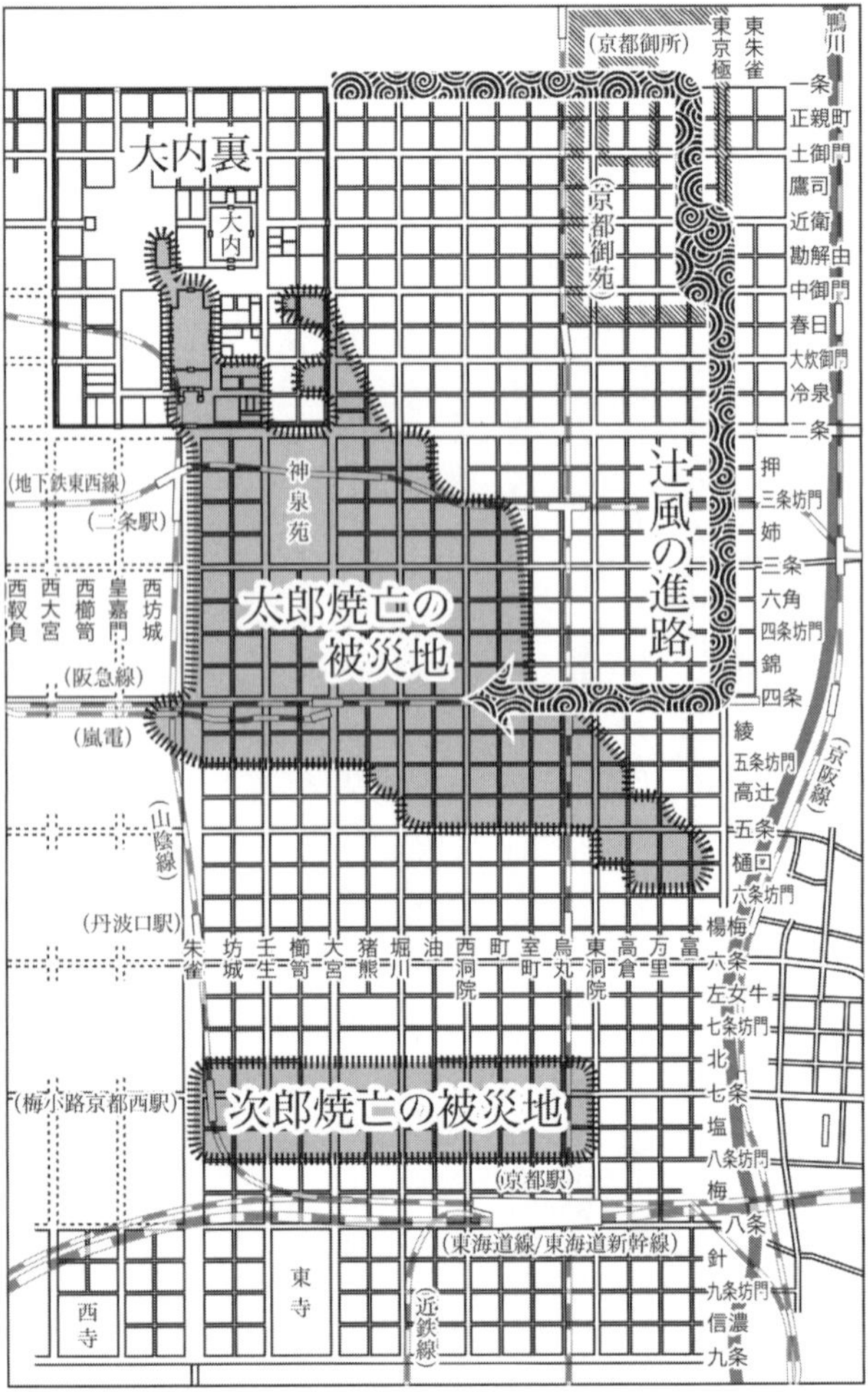

図5　京都の大災害（太郎焼亡・次郎焼亡・辻風）の被災範囲

源平合戦のあおりで平清盛《たいらのきよもり》が突然打ち出した〝福原《ふくはら》遷都〟構想によって、平安京は日本の中心でなくなった。それは半年で撤回されたが、同じ年のうちに、辻風《つじかぜ》（竜巻に似た都市特有の突風）が京都を襲って民家の大部分を吹き飛ばし、安元の大火から立ち直っていない京都の物理的インフラを、容赦なく破壊した（被災範囲は前頁の図5を参照）。

ちょうどその頃から、〝養和《ようわ》の飢饉《ききん》〟と呼ばれる史上最大級の飢饉が二年間も京都を襲い、源平合戦の最中だったことも後押しして、壊滅的被害を出した。京都には食物が入らなくなり、人口一〇万人あまりの京都で、何と五万人前後の餓死《がし》者を出した。

その天災がようやく峠《とうげ》を越えた頃、飢《う》えた木曾《きそ》（源）義仲《よしなか》の大軍が北陸から大挙入京して、平家を都落ちさせた。都人にとって、義仲軍は全く正義の味方ではなかった。略奪の限りを尽くしたからだ。しかも、義仲は後白河《ごしらかわ》法皇と反りが合わず、最後は歯止めを失って法皇の御所「法住寺殿《ほうじゅうじどの》」を襲って一帯を焼き払い、荒廃を加速させた。そうして世論の支持を完全に失った義仲を頼朝軍が襲い、義仲は鎧袖一触《がいしゅういっしょく》で滅ぼされた。

京都は義仲という人災から解放されたが、また天災が襲った。元暦二年の平家滅亡直後、これも史上最大規模の〝元暦の大地震〟が京都を襲って市街地をなぎ倒し、京都の復興を白紙に戻してしまった。史上最大級の内乱期に、史上最大級の大災害が集中して襲った結果、京都は虫の息というべき荒廃のどん底に陥っていた。

天皇制との距離感――従順でもなく敵対もしない

奥州藤原氏を滅ぼした翌年の建久《けんきゅう》元年（一一九〇）、源頼朝はこの焦土化した京都の地に立った。戦後の彼の仕事は、この荒廃した都と日本の国土を復興することから始まる。一〇年前の挙兵以来、鎌倉を離れなかった頼朝が京都に上ったのは、後白河が懇望《こんもう》したからだった。ただ一人の武士のトップを決める戦争に勝ち残った頼朝と、後白河は何としても友好関係の証《あかし》を欲しがったのだ。大きな武士団の長と揉《も》めると何が起こるかは、平家や木曾義仲の振る舞いによって証明済みであり、後白河は頼朝を恐れていた。

そのことを最も如実に示したのは、前年に行われた奥州合戦、つまり奥州藤原氏（藤原《ふじわらの》泰衡《やすひら》）の討伐だった。後白河は討伐に反対で、思いとどまるよう何度も頼朝を説得したが、頼朝は最終的にそれを無視し、独断で奥州合戦を遂行した。その結果、朝廷の命令に背いた頼朝を後白河が罰したかといえば、そうではない。事実は逆だった。

後白河は、頼朝軍の出陣より前の日付で、頼朝に藤原泰衡討伐を命じる命令書を出し、〈頼朝が命令通り奥州藤原氏を滅ぼした〉という体裁を取り繕《つくろ》ったのである。しばしば誤解されるが、武士の政治的な行動に、究極的には、朝廷の許可は必要ない。むしろ、武士との決定的な対立を避けるために、朝廷の方が許可を与えたがった。それが、保元・平治の乱以後の肥大化した武士団と朝廷との本質的な関係である。

後白河は、源平合戦の最中から何度も上洛を求めたが、東北地方を押さえる奥州藤原氏が背後にいる限り、頼朝は鎌倉を留守にできなかった。しかし、今やその危惧《きぐ》は無用だ。奥州合戦の戦後処理が終わると同時に、後白河は頼朝に上洛を求め、頼朝も承諾した。

上洛した頼朝に、後白河は、権大納言《ごんのだいなごん》・右大将《うだいしょう》（右近衛大将《うこんえのたいしょう》）という高官をオファーした。それは、かつて平氏政権で、平清盛の息子の重盛《しげもり》・宗盛《むねもり》兄弟がいた地位である。平家に代わって朝廷の守護者となった頼朝の肩書きとしては、当然の待遇には違いない。

しかし、後白河の狙いは、京都で行政の最上部に参画する権大納言と、京都で天皇の親衛隊長となる右大将の官職を与えることで、頼朝を京都に縛りつけ、目の届く範囲、すぐに顔を合わせて対話できる範囲に置くことだった。それに対して頼朝には、京都や朝廷という伏魔殿に取り込まれる気が毛頭なかった。固辞を貫く頼朝を、後白河は強引に任官させたが、頼朝は後白河への挨拶だけ済ませるとすぐに辞任し、さっさと鎌倉へ帰った。

もっとも、それは交渉の決裂を意味しない。頼朝は後白河と平和的に会談し、任官の御礼参りにあたる「拝賀《はいが》」という儀式も果たした。頼朝側にも、そうした振る舞いによって、自分が平家や義仲とは違うこと、つまり「後白河や朝廷の敵になる可能性はゼロです」と表明する必要があった。世論を安心させ、敵に回さないためだ。

源平合戦の勝者と敗者には、決定的な違いがある。勝ち残った頼朝と違い、滅んだ平家や義仲が世論を甘く見たことだ。

平家が滅んだのは、あっという間に日本の東半分（京都より東、特に関東・東海・北陸地方）の実効支配を失い、東からの年貢が途絶えて京都を維持できなくなり、北陸からの木曾義仲の猛攻に対抗できず没落したからだった。その原因は、それらの地域の源氏をはじめとする武士たちの間で「クーデターで後白河法皇から政権を奪った平家を倒せ」という運動が燃え広がったから、つまり世論を敵に回したことが大きい。義仲が滅んだのも、飢餓状態の京都での略奪と、皇位継承問題で対立した後白河を襲った法住寺合戦で世論を完全に敵に回し、味方が激減したところを、頼朝につけ込まれたからだった。どうやらこの国には、〈天皇制をとことん脅かすと世論を敵に回し、滅ぼされる〉という法則があるらしい、と頼朝は気づいていた。

その法則こそ、〈なぜ天皇家は滅ぼされなかったのか〉という、日本史最大の謎の答えなのだが、そもそもなぜ、そのような法則が成立するのか。それは、天皇が〝日本国の秩序の原点であり管理責任者〟だからである。どういうことか、少し掘り下げて説明しよう。

天皇制と朝廷が滅ぼされない理由

朝廷には、体系的で広大な、位階《いかい》と官職の制度がある。位階とは、一位・二位・三位・

四位・五位・六位などと数値化された個人の尊《とうと》さであり、官職とは、朝廷での役割を示す肩書きである。両方を合わせて官位《かんい》という。その中には内実を失って形骸化するものが多数あり、形骸化は進む一方だったが、それでも、官位は日本の社会秩序の重要な物差しだった。ある人の官位がわかれば、他者と比較して、その人がどれほど尊く、どのような役割を期待されているかが、たちどころにわかるからだ。

それは、歴史上のすべての人に対しても有効な物差しだった。たとえば、右大臣になる

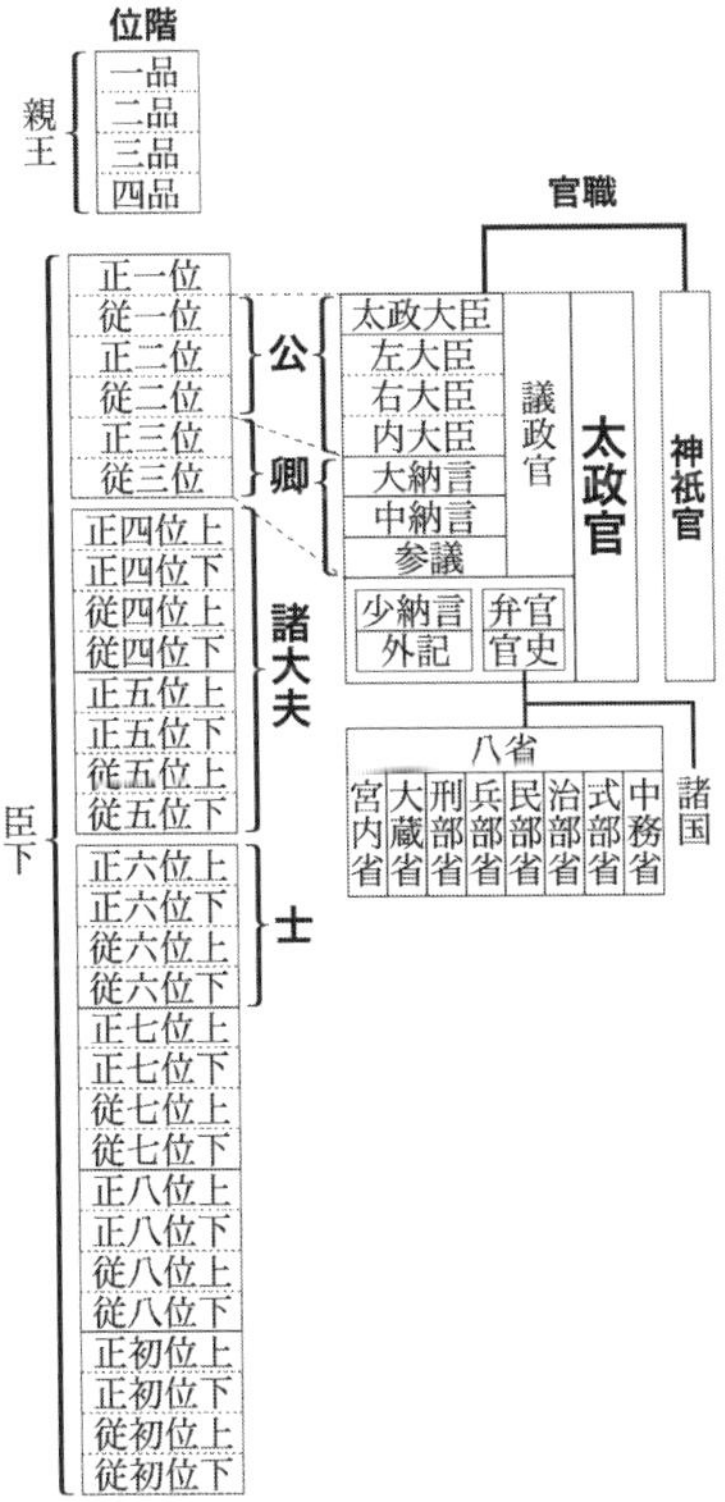

図6　位階・官職の体系と身分階層

人は、過去のすべての右大臣（たとえば菅原道真《すがわらのみちざね》）と比較され、彼らと同等の出自か、抜群の功績があると評価されたのだな、と誰もが理解する。官位とは、空間や時代を超えて個々人の価値を計れる唯一の共通語であり、日本社会の普遍的な座標系といってよい。

その官位は、朝廷が管理して与える。天皇の名で与えられるが、巨大なシステムなので、管理や審査・手続きのために多数のスタッフが要る。それが、社会全体に対する廷臣の最大の存在意義であり、だからこそ天皇と廷臣を合わせた朝廷全体に、存在意義があった。

明治維新まで、どれほど武家が力を持っても、決して朝廷を滅ぼさなかった最大の理由も、そこにある。鎌倉・室町・江戸幕府は、幕府内の秩序を決めるのに官位を大いに利用し、戦国時代にさえ、大名や武士たちは官位の秩序を尊重した。それは、広くて多様な社会と長い歴史を貫通して、簡便に人の社会的価値を表現できる、重宝なシステムだった。

幕府は独自の肩書きや秩序も創ったが、朝廷の官位制度を必ず温存した。これほど社会に定着した巨大な肩書きのシステムを、新たに創って定着させる労力と時間があまりに現実的でないから、そして過去と対比して自分の立ち位置を示す術がなくなるからだろう。

地位が世襲される前近代の社会では、祖先や父と同じ地位に就くことが重要だ。そして、それを表現する術《すべ》は官位以外にない。たとえば鎌倉幕府では、執権（行政の長官）北条《ほうじょう》氏の家督は、ある時期以後、執権になると必ず相模守《さがみのかみ》（鎌倉がある相模国の行政長官）になった。また、室町幕府の管領《かんれい》(行政長官で大名筆頭)を出した細川《ほそかわ》氏の家督は、ある時期以後、管領になると必ず右京大夫《うきょうのだいぶ》(平安京の西半分の行政長官)になった。

相模守や右京大夫には、行政官としての内実がないが、執権や管領の地位の代名詞となり、武家社会ではほとんど固有名詞のようになった。そうした順調な家督継承はもちろん、組織が倒れて次の組織が継承する場合を想像されたい。足利尊氏《あしかがたかうじ》や徳川家康《とくがわいえやす》が、「自分たちは前の幕府の後継組織だ」という主張を、「征夷大将軍」というたった五文字の名乗りで表現できたことが、どれほど便利だったかを。

日本前近代を貫くこれらの官位は天皇が発行したが、天皇の価値はそれにとどまらない。一位を筆頭に二位・三位……と続く位階は〝天皇から、どれくらい身分的に遠いか〟を数値化したもの、すべての官職は〝天皇にどのような仕事で奉仕するか〟を肩書き化したものである。つまり、位階も官職も〝天皇にとって何者か〟という観点で表現されたものだ。その意味で、天皇は官位の発行源であるばかりでなく、多数の官位が織り成す座標系の原点なのである。原点がなければ座標系は存在できない。だから天皇は不可欠だった。

以上から、武士が天皇や朝廷を滅ぼさない理由は明らかだ。天皇には官位の発行源・原点として、朝廷には官位の管理機関として、唯一無二の価値があったからである。いい換えれば、天皇と朝廷は、日本の秩序を表現する共通語の管理者として温存されたのだった。

〈天皇の敵は社会の敵〉になる論理

そこで元の話に戻る。平家が滅んだのはクーデターで後白河法皇から政権を奪ったから、義仲が滅んだのは後白河法皇を武力攻撃したからだった。平家も義仲も、天皇(を代行する法皇)や朝廷を踏みにじり、それが世論の総反発を買って、滅亡の原因になった。

天皇への敵対が世論の総反発に直結するのは、天皇が〝今日までの社会秩序〟の要《かなめ》だからである。天皇に牙を剝《む》き、天皇制を壊すかもしれない勢力は、〝今日までの社会秩序〟全体を壊す可能性が高い。そうなれば、既存の有力者たちが困る。〝今日までの社会秩序〟であればこそ確保できていた既得権を失うからだ。

そのため、天皇に牙を剝く勢力には、有力者のほぼ全員が強い敵意を抱く。そこへきて誰かが立ち上がってリーダーシップを取り、彼らの大規模な敵意を利用すれば、全社会的な協力を得て、勝ち残るのが劇的に容易になる。強大な武家が天皇に刃向かわないのは、天皇自体を畏《おそ》れるからではない。「天皇制を脅かす者は(我々の既得権を脅かすので)悪だ」という世論の大合唱を恐れるからだ。その意味で、天皇制は世論と一体なのである。

逆に、一旦この仕組みに気づけば、世論を味方につけるのは難しくない。「天皇制を擁《よう》護《ご》する」と表明すればよい。それは「今までの社会秩序をひっくり返す気はない」という表明だと理解され、「皆さんの既得権は少しも脅かしません」という意味だと強調すれば、世論は支持する。中世日本で〈天皇制を擁護する者は善だ〉という共通了解が根強いのは、〈私たち有力者全員の既得権を擁護する者は善だ〉という意味で〝善〟だからである。平家と義仲はこの仕組みに気づかず、彼らの振る舞いと結末を見て頼朝は気づいた。そして以後の幕府は、朝廷の権力を蝕《むしば》みつつも、朝廷の存続に貢献する意欲を失わなかった。それこそが、歴代幕府が内裏(京都御所)の維持・再建に熱心に取り組んでいったことの根幹にある動機である。一〇頁で述べた、〈武士は京都の一部だ〉というのも、そういうことだ。

この問題で重要なのは、朝廷の政治的な権力だけを奪うことである。天皇は、無条件で〝善〟なのではない。社会に害悪をなさないならば、という条件つきだった。そして、最も重要なことがある。社会は〈天皇制は絶対善だ〉と思うのであって、〈個々の天皇も絶対善だ〉と思っているわけではない、ということだ。社会が支持しているのはシステムであって、天皇個人ではない。そこを履《は》き違えた天皇たちは、社会と京都を蹂躙《じゅうりん》し、世論の支持を失って辺境の地に追いやられ、失意のうちに生涯を閉じてゆくことになる。

「朝の大将軍」頼朝の拝賀と新社会の到来

世論の協賛がいかに大切かをよく知る頼朝は、後白河の誘導にあえて乗り、一芝居打つことにした。前述の通り、拝賀を行い、〈頼朝は後白河の忠実な臣である〉という印象を、天下に示したのだ。それはまた、頼朝勢力だけが武家として生き残り、源平合戦の最終勝者になった今、〈これまでの行き違いを水に流して、朝廷と幕府が手を携えて、新時代の平時の国家をこれから再建してゆく〉というメッセージにもなりそうだった。

その含みをもって、建久元年（一一九〇）一二月一日に盛大に行われたのが、頼朝の拝賀である。頼朝は壮大華麗な大行列を従えて、後白河法皇の院御所と後鳥羽《ごとば》天皇（後白河の孫）の内裏に参上した。その行列は朝廷の伝統と格式に従いつつも通例以上に大規模に仕立てられ、常軌を逸した大イベントとして人々の記憶と歴史に残った。人々と後白河はこれを見て、〈朝廷と幕府が二人三脚で築き上げる新たな平和社会〉の到来を信じた。

その新たな提携関係で、頼朝は、朝廷と日本国の保護・治安維持に責任を持つ地位にあると確認された。頼朝自身はその地位を「朝《ちょう》の大将軍」と呼んだ。〝日本国の軍事の長〟という意味だ。頼朝は、その地位を官職で表現し、朝廷の制度上に刻みつけることを望んだ。彼は「大将軍」の三文字を含む官職を朝廷に要求し、上洛の二年後、建久三年（一一九二）に実現した。それが「征夷大将軍」だった。以後、それは〝幕府の長〟と同じ意味になり、大政奉還まで六七五年間も日本を支配する、武家政権の象徴になったのである。

第三章　大内から閑院内裏へ——世代交代の失敗と迷走

源頼朝と幕府の責務——京都・内裏の復興と治安維持

朝廷と幕府が二人三脚で再構築する新生日本国にとって、最大にして喫緊の課題は、京都を含む国土の復興だった。

国土の復興は本来なら王（天皇）の仕事だが、そもそも荒廃をもたらした戦乱の当事者として、幕府は復興に貢献する道義的責任を抱えた。また、〈天皇制を根幹とする従来の社会秩序を否定しない〉と表明して世論の支持を得るためにも、京都の復興、特に内裏の造営は、幕府が引き受けることになった。そうして始まったため、鎌倉時代以後、明治維新に至るまで、内裏の造営は例外なく幕府（やその代役となる天下人）の仕事となった。

平家が滅んだ翌年の文治《ぶんじ》二年（一一八六）、頼朝はその仕事に着手した。その年の二月、頼朝は朝廷に連絡し、未解決だった義経問題の処理と並行して、戦乱で荒廃した寺社や内裏・院御所の復興に着手すべきだと、提言したのである（『吾妻鏡』二月六日条）。四ヶ月後の六月には、頼朝から具体策について連絡があり(『吾妻鏡』六月九日条)、八月には、朝敵征伐の賞として頼朝に与えられた知行国《ちぎょうこく》の収入から負担することが決定した(『玉葉』八月一九日条)。知行国とは、国司の任命権を無期限に与えて税収を丸ごと与える恩典、いわば国の税収を公然と私物化させる恩典制度である。

その後、この話題はしばらく記録から消えるが、三年後の文治五年に、「閑院《かんいん》内裏(里内裏の一つ)と院御所の六条殿の修造は、頼朝の指揮で果たした」と、頼朝自身が述べた記録がある(後述)。詳細は不明だが、頼朝はすでにそれだけの仕事を果たしていた。

平安京の本来の内裏は、大内裏《だいだいり》の中にある。大内裏は天皇の住居と官庁街を包み込む、広い意味での「宮中」で、その中にある天皇の住居(内裏)を「大内《おおうち》」という。大内の規模は大きいので、再建はなかなか進まなかったが、再建中から大内の跡地の警備が幕府の職責になった。頼朝はそれを、源頼兼《よりかね》という者に任せた。彼の父は、治承《じしょう》四年(一一八〇)に最初に反平家の烽火《のろし》を上げた以仁《もちひと》王の乱で、戦死した源頼政《よりまさ》である。頼兼自身は乱に加担しなかったようで、生き延びて頼朝勢力に組み込まれ、父頼政が反乱の時まで帯びていた「大内《おおうち》守護(大内に常駐する警備兵の総指揮官)」の地位を受け継いだ。

もっとも、頼兼の手勢だけでは負担が重すぎたらしく、文治四年に頼兼は「ほかの御家人と負担を分担したい」と申し出た。後白河と頼朝の間で調整が図られたが、人員の増強は難航した(『吾妻鏡』六月四日条)。その直前頃までに、「大内夜行番《やぎょうばん》(シフト制の夜間警邏《パトロール》)」が頼朝によって御家人に割りあてられ、怠《おこた》った者は頼朝に逮捕され、検非違使《けびいし》(朝廷に属する京都の警察機関)に引き渡されていた(『吾妻鏡』五月二〇日条)。

しかし、その逮捕事件が示す通り、御家人側は必ずしも熱心でなかった。そして二年後の建久《けんきゅう》元年(一一九〇)六月、つまり頼朝上洛の五ヶ月前になっても、頼兼からの負担軽減の要請は続いた(『吾妻鏡』六月二六日条)。『愚管抄《ぐかんしょう》』(第五)に「頼兼ハ頼政ヲツギテ、猶《なお》大内ノ守護セサセラレキ。久《ひさし》クモナクテ、ヱ思《おも》フヤウナラデ、ウセニキ。ソレガ子トテ頼茂《よりもち》ト云者《いうもの》ゾ、又《また》ツギテ大内ニ候《そうらい》ケル(頼兼は父頼政を継承して大内守護とされたが、うまくいかず、すぐに没した。大内守護の地位は、その子の頼茂《よりもち》が継いだ)」とある。

結局、問題が解決しないうちに頼兼は没したのである。その大内守護の職責は、頼朝が頼政一族に世襲させると決め、息子の源頼茂が継承した。

頼朝の大内再建——後白河への莫大な貸し

大内の再建は、文治五年(一一八九)の二月、つまり奥州合戦の半年前に、幕府が請け負うと決まった(『吾妻鏡』二月一二日条)。三月半ばには後白河院から正式な命令が幕府に届き、その返信で頼朝は「すでに閑院内裏や六条殿の再建を果たしましたが、何度でも力の及ぶ限り奔走します」と請け合った。その財源は、八ヶ国にも及ぶ頼朝の知行国の収入だった（三月一三日条）。二ヶ月後の閏四月には「大内修造事始《しゅうぞうことはじめ》」という、大内再建事業の事務作業開始を告げる儀礼が行われ、正式に再建が始まった（『吾妻鏡』閏四月一日条、四日条）。

驚くべきことに、その秋に奥州合戦が勃発したにもかかわらず、工事は順調に進み、頼朝の担当部分は一二月に仕上げ段階に入っていた。頼朝の知行国からの、確実で莫大な収入があればこそだった。再建費用はほかの知行国主《ちぎょうこくしゅ》（知行国の持ち主）にも賦課《ふか》されたが、「頼朝からの費用提供がほぼ全体を占め、他国からの供出はなきに等しかった」と、右大臣の九条兼実《くじょうかねざね》は証言している（『玉葉』一二月三日条）。平家との大戦争後、そして義経逃亡中の治安の動揺、さらに奥州合戦という戦時体制の中で、無力な廷臣が知行国の支配を回復できなかったのに対し、頼朝の知行国には挙兵以来の努力の結果、強力な実効支配が行き届いており、同じ知行国でも負担力に天と地ほどの差があったのだ。

その冬、一〇月から一二月にかけて、兼実は飛香舎《ひぎょうしゃ》（大内の建物の一つ）の「御装束《ごしょうぞく》（室内の仕上げ・飾りつけ）」について監督・指示したり、自ら工事現場を巡検して進捗《しんちょく》を確認したりしている（『玉葉』一〇月一二日条、一九日条、一二月三日条）。一部（知行国主が無力な国の担当部分）は未完成だったが、だいたい竣工したと見なせるレベルだったようだ。

その甲斐あって、年が明けて文治六年（建久元年）の元日には、後鳥羽天皇はこの大内で小朝拝《こちょうはい》（一部の上・中級廷臣が群参して天皇を拝礼する儀礼）を受けることができた（『玉葉』）。二月中旬、「大内修理の功績により賞を与えるから、望みを申せ」と連絡した後白河法皇に対して、頼朝は「私だけ賞を受けては、ほかの知行国主が不満を抱くでしょう。このお褒めの言葉が私の恩賞です」と、歯の浮くような返信を寄越した（『吾妻鏡』二月一一日条）。来たるべきその年の冬の上洛で、権大納言・右大将任官を固辞する方針と同様に、完全な無欲を演じて世論の歓心を買い、そして後白河に莫大な貸しを作ったのである。無料《ただ》より高いものはないから、恩賞を受け取ろうとしない頼朝の態度に、後白河は気を揉《も》んだだろう。

再建された大内を襲う放火

こうしてせっかく再建された大内だが、実は、安全性が万全ではなかった。四年後の建久五年（一一九四）四月、大内の仁寿殿《じじゅうでん》（正殿の背後の儀式場）に不審者が忍び込んだのだ。大内守護の源頼兼が逮捕すると「大内を焼くつもりだった」と自白したので、斬首した（『吾妻鏡』四月七日条）。

頼朝は大いに頼兼を褒めたが、大内を焼き払おうと考える無法者が実在することに、頼朝は内心肝を冷やしただろう。事件の二日前に、中御門烏丸《なかのみかどからすまろ》にあった前関白松殿基房《まつどのもとふさ》の邸宅「松殿《まつどの》」が焼けており（『百練抄』『仲資王記』）、無差別な放火魔、恐らく群盗《ぐんとう》（組織的な強盗）が横行していた。二ヶ月後の六月にまたも「造大内事始《ぞうおおうちことはじめ》」、つまり大内修造事業の開始儀礼が朝廷で行われたのは、恐らくこの放火魔逮捕劇で大内の一部が汚損・破損したのを（流血で穢《けが》れた可能性がかなりある）、修復するためだろう（『仲資王記』六月一三日条）。

翌年の建久六年末には、大内の大庭《おおにわ》の枯木が一本、松明から引火して燃えた。大した事故ではないが、三条長兼《ながかね》という廷臣は、白河院政期の著名な儒学者だった大江匡房《おおえのまさふさ》の日記に、「末代《まつだい》の天子《てんし》、常に大内に御《おわ》すべからず（世の末の天皇は大内に安住できないだろう）」と書かれていたことを思い出し、慄然《りつぜん》としたという（『三長記』一二月一日条）。大内は、もはや国が衰《おとろ》えゆく今の時代には分不相応で、存在そのものが天から許されていないのだ、という諦めムードが興味深い。物理的にどんなに再建しても、消滅すべき運命を社会が（消極的ながら）信じていたのだ。そんな建造物が長く生き延びられる可能性は、高くない。

花見の名所として平和の象徴になる大内

源頼朝は建久一〇年（一一九九）正月に没し、息子の頼家《よりいえ》が幕府の長を継いだ。しかし、頼家はリーダーの資質を疑問視され、すぐに権力を剝奪されて、最後には殺されてしまう。

頼家の死後は、弟の実朝《さねとも》が継いだ。実朝は、母の北条政子《まさこ》や、叔父で幕府の執権になった北条義時《よしとき》、そして京下りの優秀なブレインだった大江広元《おおえのひろもと》などに支えられて、将軍の責務を、比較的よく果たした。

実朝の時代は、朝廷と幕府の関係もこの上なく良好だった。後白河法皇の没後を継いで院政を敷いていた孫の後鳥羽上皇が、実朝を可愛がり、実朝もよく応えたからである。後鳥羽はちょっとしたマルチタレントで、風雅から武芸まで様々な芸を愛好し、そのどれにもそれなりの才能を示した。朝廷において風雅の最たるものは和歌であり、後鳥羽は和歌の文化を興隆するため、勅撰《ちょくせん》和歌集の『新古今《しんこきん》和歌集』を作らせたり、そのための専門の役所として「和歌所《わかどころ》」を設置したりした。後鳥羽の熱意は彼に心酔する実朝にも伝染し、実朝も熱心に和歌を学んで後鳥羽に指導を請い、後鳥羽は最大限にそれに応えた。

和歌を好めば、和歌の題材となる季節の風物を愛でることに余念がなくなる。その最大の題材の一つは花(桜)であるから、勢い、和歌を詠むための花見が盛んになる。そして面白いことに、ここで大内が意外な存在感を与えられ始めた。春に大内を訪れて花見を楽しむ、という行楽が流行り始めたのだ。

記録上に最初に確認できるのは、頼朝の死から二ヶ月後の建久一〇年三月の花見である。その日、後鳥羽は公卿《くぎょう》(廷臣の最上層)・殿上人《てんじょうびと》(公卿に次ぐ特権階級の天皇側近)・北面《ほくめん》(院の側近の中・下級廷臣や武士)・女房《にょうぼう》(女官)まで引き連れて大内を廻り、花の残る枝を折らせたり、歌を詠んだりして遊興した(『明日香井和歌集』下—春、『源家長日記』)。その二日前には摂政の近衛《このえ》基通《もとみち》が満開の桜を見ようと、家族連れで大内に出かけている(『猪隈関白記』三月一五日条)。大内は宮殿として使われず、花見の名所になってしまっていた。

四年後の建仁《けんにん》三年(一二〇三)にも、後鳥羽は大内の「花御覧《はなごらん》(花見)」を催し、和歌の名手として名高い藤原定家《さだいえ》《ていか》も呼ばれて皆で歌を詠んだ。定家が現地に着いた時には、上皇のお供の殿上人や北面が充満していたと、彼の日記にある(『明月記』二月二四日条)。後鳥羽に和歌の才能を見出されて和歌所に勤めた源家長《いえなが》の日記に「世中《よのなか》も、のどやかなるやうなれば」と書かれたように、奥州合戦や頼朝の上洛から十数年を経た当時、ようやく慣れてきた長閑《のどか》さを謳歌する催し物の会場として、大内は束の間の平和の象徴となっていたようだ。

大内から根本内裏の座を奪う閑院内裏

大内が単なる花見の名所になったのなら、天皇はどこに住んでいたのか。実は当時、天皇は閑院《かんいん》内裏という里内裏に住んでいた。閑院も里内裏である以上は仮住まいのはずだったが、後白河院政の頃から、高倉《たかくら》天皇(後白河の子、後鳥羽の父)以下の天皇たちが愛用してきた。

その閑院内裏が、承元《じょうげん》二年(一二〇八)に焼けた。住居を失った土御門《つちみかど》天皇(後鳥羽の子)

は、やむなく大内に移住した(『猪隈関白記』一一月二七日条)。閑院を普段使いの内裏としつつ、大内をいざという時のスペアとして使ったのであるから、本末転倒も甚《はなは》だしい。

中世の天皇は、かなりの頻度で、京中のいくつもの邸宅を転々とした。中には一日しか逗留《とうりゅう》しない邸宅もあり、どこが本宅かわからない住所不定のような暮らし方をする時期も多い。それでも、必ず一ヶ所の本拠地(本宅)を決め、ほかの場所へ出かけることは「行《ぎょう》幸《こう》(お出かけ)」、その本拠地に戻ることは「還幸《かんこう》(お帰り)」といわれた。

その本拠地(本宅)を、専門用語で〝本内裏《ほんだいり》〟という。京中には、里内裏として使用可能な邸宅がいくつもあり、天皇はそのどれかを本内裏と決めて住んだ。そして、本内裏かどうかと無関係に、天皇が今現在(一日でも)暮らしている邸宅を「皇居」と呼んだ。

理念上、天皇の本宅は大内であり、いつかはそこに帰るべきだった。いい換えれば、閑院が本内裏として便利でも、所詮は里内裏であり、いつかは大内を本内裏に戻すべきだった。本内裏は任意に転々とするが、こうした〝本来なら本内裏になるべき本当の本拠地〟が、理念上はいつも念頭にあった。

従来なら、それに該当するのは大内しかないので、それを呼ぶ概念は不要だ。しかし、大内がありながら閑院がその種の本拠地らしく使われる時代になると、その種の本拠地を呼ぶ概念が必要になる。本書では、それを中世風に〝根本内裏《こんぽん》〟と呼びたい。この言葉を使っていい換えると、こうなる。本来、根本内裏は大内だけだ。しかし院政期の朝廷は大内を好まず、快適な里内裏である閑院内裏に、根本内裏の地位を与えつつあった、と。

そして、閑院内裏が焼けた時だけ仕方なく大内に戻る、という後鳥羽院政期のあり方は、〈閑院が根本内裏であり、大内はそのスペアである〉と宣言しているに等しい。この頃の大内は、急遽《きゅうきょ》天皇が住むためや、経年劣化の回復のため、数年ごとに小規模な修理が施され(『仲資王記』元久元年〔一二〇四〕五月一四日条、『猪隈関白記』承元二年〔一二〇八〕一二月二八日条、『猪隈関白記』建暦元年〔一二一一〕三月九日条など)、建暦《けんりゃく》元年(一二一一)には順徳《じゅんとく》天皇の大嘗祭の会場にもなって、〝普段は住まないが不可欠の内裏〟として存続していた。

画期的な閑院——史上初の大内の縮小コピー

一方、閑院内裏の再建は、焼失から四年後の建暦二年(一二一二)に始まった(『明月記』七月二七日条、『吾妻鏡』七月八日条)。その「指図《さしず》(平面図)」は後鳥羽が自ら製図し、幕府に送られた(『玉蘂』二月二四日条)。幕府の全面的負担により、再建工事は半年弱であっという間に完了し、翌建暦三年二月には順徳天皇が帰住した。将軍実朝が保有する遠江《とおとうみ》・駿河《するが》・武蔵・相模などの知行国のうち、今回は相模の収入だけで成し遂げたという。

褒賞として実朝は正二位《しょうにい》に昇進し、相模守の北条義時《よしとき》が正五位下《しょうごいのげ》に昇進して相模守の重任《ちょうにん》(任期を更新して再任)を許された(『遷幸部類記』二月二七日条)。将軍の知行国では、将軍が国司の任命権を握り、義時などの御家人が任命されて国司になる。任命権は実朝が握るので、義時の相模守重任は、朝廷というより実朝が許したものだ。

相模の収益だけで負担するとは、つまり相模守である執権北条義時の資力だけで行ったということだった。相模一国の収益で、これほど大規模な内裏を造営できるとは考えにくい。義時はかなり自腹を割いたはずで、相模守の重任は、その穴埋めとしてもう一期の国司の収益を与える、という意味に違いない。そして、〈自腹を割いて朝廷に貢献する〉という形で幕府に貢献するのが、幕府の行政を握る執権の責任だった。

北条義時の子孫で、嫡流一家の家督となった者を得宗《とくそう》といい、得宗が率いる嫡流一家を得宗家《とくそうけ》という。鎌倉幕府は後半期になると、得宗家が人材・費用の両面で、幕府行事を丸抱えで担った。それは弱体化した御家人に代わって、唯一幕府を担える力を持った得宗家の、唯一の選択肢だった(桃崎―二〇一七)。ただ、実はその根源が、この義時の閑院内裏造営の独力負担に、すでに現れていることが興味深い。幕府には執権政治の最初期から、〈執権北条氏が主に背負って立つ組織〉という性質が濃厚だったと、判明するからである。

そして最も興味深いのは、今回の全面的再建を機に、閑院は「大内を模《も》し」た里内裏になったことだ(『遷幸部類記』二月二七日条)。紫宸殿《ししいでん》・清涼殿《せいりょうでん》・宜陽殿《ぎようでん》・校書殿《きょうしょでん》・日華門《にっかもん》・月華門《げっかもん》・軒廊《こんろう》・弓場殿《ゆばどの》など、大内の主要な建造物を、形をほぼそのままに、必要に応じて「間数《けんすう》」や寸法を縮小して、閑院内裏に再現したのだった。「間数」とは、柱と柱の間を「一間《けん》」として、一間・二間・三間……と数え進む、建物の幅と奥行きの単位である。

閑院は、というよりすべての里内裏は、本来、臣下の邸宅を借りる仮住まいにすぎなかった。ところが、ここに史上初めて、内裏専用の邸宅としての里内裏が生まれた。それは、高倉天皇の時から後白河の子孫の天皇たちが愛用してきた閑院内裏を、いよいよ〝仮住まい〟という建前から卒業させ、本物の内裏に格上げして固定させようとしたことを意味した。

こうなると、割を食うのが大内だ。閑院内裏が本式の、恒常的な天皇の本拠地になるなら、大内はどう見ても用済みになる。ただでさえ、まれにしか行われない大嘗祭(天皇一代に一度だけ)の会場や、花見の名所という程度に低下していた大内の存在意義は、急速に転落してゆく。案の定、この後しばらく、大内で何か有意義なことが行われた形跡は、記録の上で皆無になる。

そして六年後の承久《じょうきゅう》元年(一二一九)、大内の破滅は唐突に、意外な形で訪れた。その発端は、将軍源実朝の横死だった。

摂関家＋将軍実朝で後鳥羽を補佐する構想

実朝には、将軍として二つの欠点があった。まず、子に恵まれない。実朝の男子誕生は絶望的で、源氏の男系血統の断絶は確実だった。実朝と政子たちは協議を重ね、京都から後鳥羽上皇の皇子を迎えるのが最善だ、という結論を得ていた。そこに、もう一つの欠点が直結した。実朝が後鳥羽上皇に心酔し、常軌を逸した忠誠を誓っていたことだ。

将軍が朝廷に従順すぎるのは、幕府としてはまずい。幕府は、源平合戦で山ほど血と汗を流して独立と権利を勝ち取った〝武士の組合〟である。頼朝と特別な関係にあった一部の武士はともかく、その他大勢の武士たちは、朝廷にいいように使われてきたことに疲れ、団結して組合を結成し、〝団体交渉〟の力で権利を勝ち取りたくて頼朝に加担したのだ。

ところが実朝は、「上皇陛下の命令には何でも従います」という。実は、父の頼朝も同じことを後白河に表明していた。しかし、決定的な違いは、頼朝の発言がしたたかな社交辞令だったのに対して、実朝の発言が純朴な本心だったことだ。実朝は、本気で後鳥羽上皇の股肱《ここう》の臣になろうとした。その志《こころざし》の証明として、実朝は何度も官位の昇進を願った。

後鳥羽は快《こころよ》く許可した。当然だ。官職を与えるほど、幕府の将軍が朝廷の束縛に囚われてゆくことを意味するのだから。かつて後白河がそう誘導し、頼朝が警戒して拒んだその道を、実朝は率先して歩んだ。実朝は、右兵衛佐《うひょうえのすけ》・右少将《うしょうしょう》・右中将《うちゅうじょう》・権中納言《ごんのちゅうなごん》・左《さ》中将《ちゅうじょう》・権大納言《ごんのだいなごん》・左大将《さだいしょう》・内大臣《ないだいじん》・右大臣《うだいじん》と、あっという間に昇進した。最高の官職は太政大臣《だいじょうだいじん》だが、これは「天皇の師」を意味する名誉職で、実務に関与しない。実務のトップは左大臣《さだいじん》で、摂政や関白が兼任する職（というより、本職が左大臣で、摂政や関白は、実は官職ではなく待遇）、右大臣はそれに次ぐ地位である。後鳥羽と実朝は、摂関家の左大臣と、将軍家の右大臣が並び立って、後鳥羽を補佐する体制を夢みていたようだ。

鎌倉で拝賀する——上洛できない実朝の裏技

実朝は、できれば上洛したかっただろう。しかし、鎌倉の政権の長が、何度も鎌倉を留守にして幕府の通常業務を止めるのは無理だ。しかも、将軍の上洛は高くつく。同行する多数の従者の食費や旅費、物品を運ぶ人夫の賃金、京都での滞在費など、際限なく費用がかかった。その負担は、幕府自身と、個別の御家人に降りかかる。それに釣り合うメリットがなければ、上洛は行えない。それが、政子や義時・広元ら、幕閣が出した結論だった。

一方、実朝にとっては、上洛するメリットが二つあった。敬愛する後鳥羽上皇の側近くで過ごせること、そして拝賀を遂げられることだ。拝賀は、就任した官職で実際に勤務するための儀礼である。実朝が京都に常駐するのは不可能だが、せめて昇進するたびに拝賀をいちいちこなすことで、「（鎌倉でできる範囲で）実際に官職の職務を果たし、後鳥羽に奉仕したい」という、実朝の想いを表現できる。

この実朝の気持ちと、上洛は困難という現実のジレンマに、幕府は一つの創意工夫で対応し、解決した。〝鎌倉で拝賀を行う〟という、新たな技を編み出したのである。

それは常識破りだった。拝賀とは、天皇や院などに御礼参りをする慣習であり、必然的に京都で行うしかない儀礼だったからだ。しかし、実は源流まで遡《さかのぼ》れば、本来、拝賀の相手は天皇や院でなくてもよい。拝賀は〈あなた様のお蔭《かげ》で恩恵を得られました〉と感謝する儀礼なので、その〝あなた様〟は、拝賀する人の気持ち次第で、誰でもよい。

誰でもよいとは、つまり人間でなく神でもよい、ということだ。実朝は、幕府の守護神（八幡神《はちまんしん》）に感謝する形を取れば、鎌倉の鶴岡八幡宮《つるがおかはちまんぐう》で拝賀を行えることに気づき、何度も実践した。そして建保《けんぽう》七年（一二一九）、実朝は右大臣への就任を機に、史上最大級の拝賀を行った（『吾妻鏡』建保六年一二月二日条、同七年正月二三日条、二七日条）。

後鳥羽上皇は、これを全面的に支援した。かつて上洛した頼朝に後白河法皇が与えたのに倣《なら》って、必要な装束や用具など一式を実朝に与えた。そればかりか、何と公卿を五人、殿上人を一〇人も、京都から鎌倉に派遣し、実朝の拝賀に随行させた。公卿は廷臣の最上層であり、殿上人はそれに次ぐ特権階級（殿上、つまり天皇の生活空間である内裏の清涼殿《せいりょうでん》に昇れる天皇の近臣）である。公卿が京都を出ること自体が異常事態だが、公卿が鎌倉に来ることも、誰かの拝賀のために京都を出ることも、すべてが至上空前だった。

公卿や殿上人たちは、極めて高貴な貴人の拝賀だけに許された、「扈従《こしょう》」という尊い随行者を務めた。「扈従」は複数の従者を連れた独立した行列を組む。その行列が、公卿だけで五つ、殿上人の分で一〇も付き従ったのであるから、それだけで大行列になる。

それに加えて、実朝の行列本隊には、何と一〇〇〇騎もの御家人が随行した。それは「千載一遇(一〇〇〇年に一度)」の盛儀といわれ、随行することは御家人の至高の栄誉とされた(『吾妻鏡』建保六年一二月二六日条)。それは、鎌倉幕府史上最大の拝賀というだけで、画期的なのではない。室町時代以前に行われたすべての拝賀の中で、史上最大だった。

史上最大級の儀礼中に殺された実朝

その究極の巨大儀礼の最中に、実朝は甥の公暁《こうぎょう》に襲われ、斬り殺された。これもまた、幕府史上最大にして、日本史上最大級の不祥事だった。この事件は大きな教訓を証明した。どれほど立派な儀礼を行っても、本人の人格的な威厳がそれ相応に追いつかなければ、その分不相応は簡単に露顕し、最大級の恥をかかされる、と。

最近まで、儀礼を専門とする歴史家は、〈儀礼は権威を表現する〉と信じて疑わなかった。しかしこの事件は、それが机上の空論だと証明している。儀礼は、権威ある者が行う場合だけ、権威を表現する。これが真実だった。小物が大イベントで自分を飾ると、現実と演出の落差《ギャップ》が人々の反感を増幅させ、本人をますます小さく見せ、最悪の場合は命を縮める。適切な規模に調整された儀礼だけが、人の権威を適切に表現でき、その意味で身の丈に合った振る舞いが必須だった。実朝は命と引き替えに、そう教えてくれたのだ。

実朝を殺した公暁は、自分がしでかしたことの大きさを知らない。将軍殺害も、頼朝の男系子孫の断絶も大ごとだが、真の大事件は、実朝の死を機に、朝廷が幕府と決裂し、承久の乱へと邁進《まいしん》し始めたことである。

承久の乱は、〈天皇が非道なら、天皇と戦って懲《こ》らしめてもよい〉という選択肢を初めて日本人に与えた、日本の歴史を二分する大事件だった。それは、朝廷に取り返しのつかない傷をつけ、数百年も解けないトラウマ（幕府には絶対服従せねばならないという恐怖感）を負わせた。承久の乱は、後鳥羽が「執権北条義時を倒せ」と命じたことに始まる。それに対して、幕府は先制攻撃で京都を制圧し、朝廷を大粛清した。

この事件で朝廷を傷つけたのは幕府だけと思われがちだが、それは大いなる誤解だ。実は後鳥羽上皇こそ、率先して朝廷を傷つけた張本人だった。彼は、朝廷の理念を象徴する大内を破壊した。武士の行動原理が幅を利《き》かせる中世の到来は、天皇（家）にも、〈気に入らないことは暴力で解決してしまえばよい〉という凶暴さを覚醒させつつあった。

第四章　後鳥羽上皇の野望がもたらす大内の最期

大内を全焼させる後鳥羽上皇

殺された実朝には男子がなく、幕府は存続の危機に陥った。当時の幕府では、頼朝の未亡人で二代将軍頼家・三代将軍実朝の母だった北条政子が、当主の代行者の地位にあり、それを弟で執権の北条義時が支えていた。彼女たち幕閣は、後鳥羽上皇に「皇子を一人、将軍として鎌倉に下して欲しい」と要請した。しかし、後鳥羽はこれを蹴った。

後鳥羽は幕府の解体を狙っていた。実朝は後鳥羽に従順で、実朝を通じて幕府を支配できると後鳥羽は目論んでいたが、今の幕府を率いる北条政子・義時姉弟は、実朝ほどお人好しでなく、後鳥羽の思い通りにならない。後鳥羽は、源氏将軍の断絶を機に、幕府をばらばらに解体する方向へ追い込み、団結を失った武士の支配者になろうとしていた。

しかし、幕閣は果断だった。政子・義時は弟の時房《ときふさ》に大軍を預けて上洛させ、朝廷を威圧して将軍後継者の提供を迫ったのである。この威嚇《いかく》に朝廷は折れ、後継者を摂関家の九《く》条《じょう》家から提供した。左大臣九条道家《みちいえ》の子の頼経《よりつね》で、まだ二歳（満一歳）の乳児だった。

もっとも、後鳥羽上皇の腹の虫は納まらない。彼はなおも幕府転覆計画を諦めず、裏で陰謀を進めたらしい。その犠牲になったのが、大内守護の源頼茂だった。実朝の横死からわずか半年後、そして頼経が鎌倉へ下るために京都を発った半月後の承久《じょうきゅう》元年（一二一九）七月一三日、後鳥羽は配下の武士に大内守護の源頼茂を襲わせ、自害させた。

後鳥羽は、「頼茂が謀反《むほん》を企《くわだ》てたので未然に殺した」と弁明した。しかし、前後の状況はすべて、それが真っ赤な嘘だったことを示している。後鳥羽は、二年後の承久の乱で、京都に駐在中の御家人を味方に誘って呼び出し、応じなかった伊賀光季《いがみつすえ》を殺させた。恐らく源頼茂も、後鳥羽の幕府転覆計画に誘われ、渋ったので殺された可能性が高い。

問題は、彼が大内守護だったことだ。彼は大内を警備する責任者として四六時中、目を光らせるため、大内の奥向きの一角の昭陽舎《しょうようしゃ》に住み込んでいた。その彼を襲うことは、大内を襲撃するということだ。合戦になれば死者が出るし、血の海になる。後鳥羽はそれを承知で頼茂を襲ったのだから、最初から大内を犠牲にするつもりだったのである。

しかも、後鳥羽は武士を甘く見ていた。後鳥羽は武芸にも堪能だったが、所詮、単なる腕っ節自慢にすぎず、職業的な戦士の覚悟を知らない。そうしたプロの戦士が追い詰められ、勝ち目がないと悟った時に、どのような行動に出るのかを考えられない。名誉を重んじる武士は、敵に首を取られて衆目に晒《さら》されるのを恥とし、戦死しても敵に首を与えないよう全力を尽くす。通常は、自害して味方に首を取らせ、隠させるか堙滅《いんめつ》する。頼茂も力尽きて自害したが、彼は首を取られないため、自分の首を焼いて堙滅することを選んだ。

それが何を意味するか、明白だろう。彼は自害する寸前、戦場となった大内に火を放ったのである。こうして、幕府が多大な負担を背負って丹誠こめて造営し、朝廷に献上した大内は、灰燼《かいじん》に帰した。追い詰められた頼茂が火を放つと想像できなかったのなら、それは後鳥羽の驚くべき無知であり、想像していながら決行したのなら、それは後鳥羽の驚くべき独善だ。いずれにせよ、大内は後鳥羽が焼いたに等しい。

大内の完全消滅はもう少し先だが、そうした破滅がこの先に訪れ、天皇の宮殿が縮小と流浪を重ねた(後述)最大の原因の一つは、明らかに朝廷側にある。朝廷には、独力で大内を再建する力がない。再建には必ず幕府の力を借りなければならないが、後鳥羽の振る舞いは言語道断だった。幕府が大内を再建しても、それを朝廷側が、幕府を滅ぼす陰謀の一環として投げ捨ててしまうのなら、どうして幕府が大内を再建する意欲を保てようか。

後鳥羽上皇の挑戦と敗北

承久三年(一二二一)、後鳥羽上皇はついに、戦争を決意した。それは、しばしば鎌倉幕府を倒すための戦争だと思われているが、そうではない。後鳥羽は、幕府を解体して武士を温存し、自分の支配下に組み入れることを望んだ。邪魔なのは、執権北条義時の一派だけだ。後鳥羽は「幕府を討て」ではなく、「北条義時を討て」という命令を下した。

上皇と義時では身分が違いすぎるし、朝廷に刃向かってこれまで生き延びた勢力は歴史上一つもないので、滅びたくない者は上皇に味方するに決まっている。後鳥羽は、堅くそう信じた。彼は、やはり武士を見くびっていた。武士が横方向にがっちり連帯した〝武士の同業者組合〟というべき幕府の本質を、見抜けなかったのだ。

鎌倉では北条政子が御家人たちを前に大演説を行い、「非道な上皇に味方するか、源頼朝の恩に今こそ報いるか、好きな方を選ぶがよい」と訴えた。〝御恩と奉公〟の世界に生き、名誉を重んじる武士は、〝恩知らず〟と後ろ指を指されることを死ぬより嫌う。大勢は決し、鎌倉の幕府軍は一致団結して後鳥羽軍と対峙《たいじ》することになった。

そこに重要なアドバイスを与えた者がいた。朝廷の下級官僚だったが、頼朝に請われて鎌倉に下向し、幕府の最も強力なブレインとして活躍した大江広元である。朝廷の古臭くて非現実的な思考様式に囚《とら》われているはずの朝廷の官僚出身者が、こんな知恵を出すとは、後鳥羽は夢にも想像しなかっただろう。何と広元は、京都攻撃を主張したのである。

彼は徹底した現実家だった。天皇に弓を引いて生き残った者はいない、と何百年もいわれてきたが、今や幕府は後鳥羽軍と戦うことに決めた。戦うなら勝たねばならない。ならば、敵の攻撃を漫然と待つより、攻めやすくて守りにくい京都に敵がいる今、一挙に押し寄せて勝負を決するのが一番だった。〈天皇に勝てる者はいないはず〉という呪縛に囚《とら》われた後鳥羽の負けであり、その呪縛を振り切った幕府の勝利である。

攻め上った幕府軍は、一瞬で後鳥羽軍を瓦解させた。後鳥羽はすべての責任を「側近が勝手にやったこと」にして逃れようとしたが、朝廷と戦うと覚悟を決めた幕府は、二度とその覚悟をしなくて済むよう、秋霜烈日の戦後処理を行った。後鳥羽の孫で傀儡《かいらい》だった仲恭《ちゅうきょう》天皇は廃位され、天皇の父で後鳥羽とともに主戦派だった順徳《じゅんとく》上皇は佐渡《さど》、後鳥羽上皇は隠岐《おき》と、それぞれ絶海の孤島に流された。順徳の兄の土御門上皇は、戦争に反対していたので処分を免れたが、父と兄に義理立てして、自ら望んで土佐《とさ》に流され、後に京都に近い淡路《あわじ》に移された。

承久の乱と六波羅探題・武家地の成立

承久の乱は、一つの教訓を証明した。朝廷は幕府に牙を剝《む》くことがあり得る、と。幕府は再発防止のため、京都に出先機関を作り、朝廷を監視下に置いた。六波羅探題《ろくはらたんだい》である。

六波羅は、もとは平家の拠点だった。寿永《じゅえい》二年（一一八三）、木曾義仲の攻勢に屈して都落ちした時、平家は拠点の六波羅と西八条殿《にしはちじょうどの》を焼き払った。自分の拠点を焼き払うことを「自焼《じやき》」という。それは、捨てた拠点を敵に再利用させないための常套手段だった。平家の自焼には、慌てて逃げ去った跡を残しては恥だ、という意識もあっただろう。

かくして荒廃した六波羅は、ほかの平家の所領とともに朝廷に没収され、「平家没官《もっかん》領《りょう》」という名で一括管理された。平家没官領は、賊軍となった平家を追い出した功績で木曾義仲に与えられたが、義仲自身が法住寺《ほうじゅうじ》合戦を起こして賊軍になると、これを討った功績で源頼朝に与えられた。頼朝はこの六波羅の地を、上洛の拠点として活用し、六波《ろくは》羅殿《らどの》という邸宅を築いて、二度の上洛で滞在した。その後、将軍が上洛しないので六波羅殿は無人になったが、承久の乱の結果、新たな使い道ができた。朝廷を監視し、朝廷との交渉の最前線を担う出先機関の常駐場所である。

初代の六波羅探題は、義時の息子泰時《やすとき》と弟時房《ときふさ》だった。六波羅探題は北条氏が独占したが、世襲ではなく、その時々の幕閣の信頼が篤《あつ》い北条氏二人(時には一人)が任命されてゆく。「探題」とは本来、仏教の経典の研究会で優れた意見を判定する〝裁定者〟を指す。それを六波羅の行政長官に譬《たと》えて「探題」といった。ただし、鎌倉時代に彼らを「六波羅探題」と呼んだ実例はなく、彼らは「六波羅殿《どの》」「六波羅管領《かんれい》」などと呼ばれた(熊谷隆之二〇〇四)。

彼らは六波羅殿の北と南の二ヶ所に分かれて住み、それぞれ「六波羅北殿《きたどの》」「六波羅南殿《みなみどの》」と呼ばれ、合わせて「両《りょう》六波羅」と呼ばれ、彼らの率いる機関自体を「六波羅」と呼んだ。以後、本書もそれに倣って、その機関を「六波羅」と呼ぼう。

朝廷は「六波羅」を通じて、「関東」と呼ばれた幕府中枢と連絡を持ち、「六波羅」と「関東」を合わせて「武家《ぶけ》」と呼んだ。この頃から、「武家」は幕府や将軍と同じ意味になり、中世が終わるまで続く。もっとも、朝廷から見える幕府は、窓口の六波羅だけなので、朝廷は六波羅を「武家」と呼び、関東の幕府本体を「関東」と呼ぶことが多かった。

幕府の六波羅の成立は、京都に新たな展開をもたらした。六波羅は「六波羅守護」「京都守護」などとも呼ばれ、その職務は建前上、天皇・京都の「守護」、つまり王宮の警備と王都の治安維持であり、それを担える最強の武力・警察力となった。朝廷も、検非違使が対処できない問題ではしばしば六波羅に処理を依頼し、次第に依存が拡大して、朝廷が処理できない畿内・西国の多くの紛争の処理が、六波羅に押しつけられていった。

六波羅の一帯は「武家地」と呼ばれ、六波羅に配属された御家人（武士）は、「武家地」六波羅に集住して、鴨川を越えて京中に住まないという原則が固まった（高橋慎一朗－一九九六）。それにもかかわらず、京都人口の中で急速に比率を高めた武士は、京都の外から地方の文化、しかも荒々しい武士の文化、特にそれが最も顕著な東国武士（京都側はしばしば「東夷《とうい》（東の野蛮人）」と呼んで蔑《さげす》んだ）の文化を京都に持ち込み、京都は武士の文化によって蹂躙《じゅうりん》されてゆくことになる。

荒野と化す大内裏跡＝「内野」

承久の乱で、朝廷は生まれ変わった。〈天皇と戦って勝てる者はいない〉という神話が眼前で崩壊し、幕府は朝廷に容赦しないという教訓を得たのだ。以後、朝廷には、〈幕府の意向には絶対に逆らわない〉という鉄則ができた。その鉄則は南北朝・室町・戦国・江戸時代と受け継がれ、六世紀も後の幕末維新期まで、朝廷と幕府の根本的な関係になった。

幕府は、この戦争を境に、天皇を決める者《キングメーカー》になった。後白河法皇の孫（高倉上皇の子）守貞《もりさだ》親王の息子である後堀河《ごほりかわ》天皇を立てた上で、守貞に院（上皇）待遇を与え、幼少の天皇の後見人として院政をさせたのである。守貞は史上初めて、天皇を経験せずに院政を敷いた皇族となり、後高倉院《ごたかくらいん》と呼ばれた。

以後、天皇を誰にするかは幕府の了解なしに決められなくなり、それも明治維新まで続いた。天皇さえ決められるこの幕府の発言権を、「武家執奏《しっそう》」という。武家執奏は絶対で、これに異を唱えた者は、天皇でも容赦なく弾圧された。もっとも、承久の乱の記憶が強烈に残っている鎌倉時代の天皇には、そうした愚行を犯す天皇はいなかった。ただ一人だけ、現実を直視せずに自分の理想(妄想)に向かって突進し、最後に本当に鎌倉幕府を滅ぼしてしまった後醍醐《ごだいご》天皇を除いては。

幕府は、幕府に牙を剝《む》かない朝廷には協力を惜しまなかった。後鳥羽の源頼茂襲撃事件で焼け、後鳥羽が形ばかり始めながら少しも進んでいなかった大内裏の再建に、幕府は協力した。後高倉院は二年後の貞応《じょうおう》二年(一二二三)に没したが、一二歳に育っていた後堀河天皇のもとで再建は細々と進み、嘉禄《かろく》三年(一二二七)までにはかなりの数の殿舎《でんしゃ》・諸門が再建されていた。京都は再び、大内裏を取り戻すはずだった。

しかし、その年の四月二二日、土御門大路と町《まち》小路・室町《むろまち》小路の交差点近辺で失火があり、大内裏に延焼して全焼させた。それが、大内裏の命脈が完全に尽きた日だった。

すでにそれ以前から、大内(天皇の居住区)の周囲の建造物の大部分は廃墟となり、大内裏は荒れ果てた原野の景観を呈した。そのため、〝かつて大内裏だった荒野〟という意味で「内野《うちの》」と呼ばれた。早い時期では、平安中期に成立した『今昔物語集』(巻第二七、「西京の人、応天門の上の光る物を見る語、第卅三」)に、「西ノ京(右京)辺《わたり》ニ住ム者」が深夜に「内野通《うちのどおり》」を通って、応天門《おうてんもん》と会昌門《かいしょうもん》の間で妖しい光を目撃した話がある。応天門と会昌門の間とは、天皇の即位式典の前に、公卿ら廷臣が待機する場所だ(前著『平安京はいらなかった』)。それが、平安中期にはすでに、夜間に自由に通行できる原野と化し、心霊現象が目撃される廃墟となり、そこを横断するための「内野通」という道路さえできていた。平安末期に後白河法皇が作った今様《いまよう》(世俗的な流行歌)の歌集『梁塵秘抄《りょうじんひしょう》』(巻第二―三〇七)にも「何《いず》れか法輪《ほうりん》へ参る道、内野通りの西の京、それ過ぎて、や、常盤林《ときわばやし》の彼方なる、あい、、行流《ゆきなが》れ来《きた》る大堰河《おおいがわ》(桂川)」という流行歌が収められている。それによると、内野通は左京と西方(右京・嵯峨方面)を結ぶ一般的な道になっていたらしい。

この内野は、八〇町(約一・六㎢)もの広さを誇る、京都周辺で唯一の平坦な原野だったため、鎌倉期には、京都大番役《おおばんやく》(定期的に輪番で御家人が京都に上り、内裏を警固する職務)で京都に多く入り込んだ武士にとって、格好の弓馬芸の練習場となった(髙橋昌明―二〇〇六)。実例としては、承久の乱の一四年前の承元《じょうげん》元年(一二〇七)、藤原定家の日記(『明月記』六月一〇日条)に「『内野の犬追物《いぬおうもの》』を女房が見物した」と見える記事が早い。かつての王宮は、犬追物(柵内の犬を追って馬上から鏃《やじり》のない矢で射る競技)の競技場にされてしまっていたのである。

承久の乱で六波羅探題が成立し、さらに多数の武士が流入した結果、この状況は加速した。乱後一〇年あまりを経た天福《てんぷく》元年(一二三三)には、執権北条泰時《やすとき》が「近年在京の武士共《ども》、物を射るとて、内野を馬場に定《さだめ》たるよし、其《そ》の聞《きこ》え有《あ》り。事《こと》、実《じち》たらば、代々皇居の跡《あとなり》也、馬の蹄《ひづめ》にかけむ事、恐《おそれ》あるべき(近年、在京する武士たちが騎射術の練習場として内野を馬場にしていると、噂が聞こえてくる。事実ならとんでもないことで、代々の皇居の跡地を馬蹄にかけるのは恐れ多いことだ）と危惧する事態となり、禁令を出さねばならなかった（『鎌倉遺文』四四九、『吾妻鏡』五月一九日条）。こうしてすでに荒廃していた内野は、大内の再建事業が永久に挫折した嘉禄三年（一二二七）をもって、本当に荒野になった。

内裏再建の負担に耐えきれない幕府と百姓

大内裏は、あくまでも〈天皇と彼の率いる朝廷（貴族・官人組織）が、先進的文明と文化的成熟をもってこの国を統治する〉という体面を保つためのハードウェアだ。朝廷は、大内裏の維持コストを、その体面の保持のためなら見合うコストと判断して、大内裏再建を諦めなかった。そこに加えて、源平合戦の時に源頼朝が、世論を味方につけるため、朝廷にいい顔をして大盤振る舞いしたので、内裏造営は幕府の仕事になってしまった。

朝廷は、大内裏を使わなくとも、大内裏の存在だけは望んでいるし、それを幕府に押しつけられるようになったのだから、大内裏は焼けても再建すればよいと、簡単に思っていた。しかし、押しつけられた側はたまらない。幕府は造内裏役《ぞうだいりやく》（大内裏造営の費用）を、執権を含むすべての地頭・御家人に賦課《ふか》した。幕府は、将軍の生活などを維持する将軍の所領（関東御領《ごりょう》という）を少なからず持っていたが、国家財政や国庫にあたるものがない。幕府が大事業を行う時は、地頭・御家人に負担を割り振って行われた。つまり、大事業をするたびに、御家人に臨時の税負担が発生したのだ。

その負担義務を(臨時か恒例かにかかわらず)「御家人役《ごけにんやく》」という。造内裏役では、御家人ごとに差がある経済力に応じて賦課する配慮がなされたし、それは当然、彼ら自身の所領の得分《とくぶん》(収益)で賄《まかな》えるからこそ賦課されたものだ。しかし、それでも御家人らにとっては、軽くない負担だった。特に鎌倉時代には、御家人がその負担を嫌って、本来なら自分の得分から支出すべきものを、支配下の百姓に転嫁して勝手に増税した。そこで幕府は、〈百姓も含むすべての民が負担すべき公益的な事業か、幕府(御家人)だけが受益者となる私的事業か〉を基準に分類し、百姓への転嫁を許可するか禁じるかを分けた。

たとえば、幕府の年中行事の費用や、将軍御所の修繕・消耗品の新調費用の分担は、幕府が勝手に行う私的事業なので、百姓への転嫁を認めない。しかし、御家人が上洛して内裏を警護する大番役《おおばんやく》の費用分担は、すべての民が負担すべき公益性の高い事業なので、百姓への転嫁を認める、といった具合だ(高橋典幸―一九九九)。

造内裏役の百姓への転嫁が認められたかどうかは、記録から確認できない。ただ、幕府がその禁止を命じ始めるのは鎌倉中期からなので、鎌倉前期の内裏造営は少なからず百姓に転嫁された可能性がある。また、その禁止令が鎌倉時代を通じて何度でも発令された事実は、禁止令があっても、御家人による違反が根絶できなかったことを意味する。となると、造内裏役は御家人だけでなく、百姓の生活を直撃する負担だったことになる。

では、御家人や百姓が、朝廷の体面を保つためだけに、そこまでコストを負担する価値はあるのか。地頭・御家人や百姓は、大内裏造営の直接の受益者ではあり得ず、彼らにとっては単なる負担でしかない。その負担も、経済的に余裕があれば、支払えないでもなかっただろうが、問題は、彼らに余裕がなかったことだ。

大飢饉で死者が京都を埋め尽くす

再建中の大内裏が最後に焼けたのは、嘉禄三年(一二二七)四月だった。しかし、実は翌月の五月、幕府は飢饉で苦しむ関東諸国の増税を免除するよう、朝廷に願い出ていた(『吾妻鏡』五月二日条)。

その増税は役夫工米《やくぶくまい》といい、伊勢神宮《いせじんぐう》を造営するための臨時増税だった。それは幕府が支配する関東の国々にも賦課されていたが、飢饉でそれどころではない百姓の窮状を、執権北条泰時が朝廷に訴えたのである。しかし、朝廷はなおも、「材木の費用を朝廷から支出できる余裕がない」として、譲らなかった。そのため、泰時は自分の知行国《ちぎょうこく》(駿河・伊豆)の百姓に対して、増税を強行せざるを得なかった。ただし泰時は、代わりに彼らに無利子で米を貸し、百姓の負担を軽減した。

伊勢神宮は、天皇の祖先神である天照大神《あまてらすおおかみ》を祀《まつ》る朝廷の宗廟《そうびょう》であって、いわばこれも、朝廷の体面を保つための土木工事である。その出費のために百姓の飢餓を顧《かえり》みない朝廷と、身を挺して百姓を庇護しようとする鎌倉幕府の代表・北条泰時。この構図に、北条氏を美化しようとする『吾妻鏡』の意図が働いていることには、注意した方がよい。しかし、『吾妻鏡』には、「役夫工米を免除してやってくれ」と朝廷に申請する泰時の文書が引用されており、その文書まで偽作・捏造《ねつぞう》されたとは考えがたい。泰時と朝廷の右の対話自体は、事実だっただろう。国家の体面を保つ伊勢神宮の修造と、百姓の飢餓救済を天秤にかけた時に、朝廷は国家の体面を優先したが、幕府は百姓の救済を優先したのである。

その年の飢饉を乗り切っても、日本の食糧事情は安定しなかった。三年後に、〝寛喜《かんぎ》の飢饉〟として名高い、二年間も猖獗《しょうけつ》を極めた大飢饉が待っていたのだ。寛喜二年(一二三〇)には、夏の六月(新暦の七月頃)に雪が降《ふ》り、七月に霜が降《お》り、八・九月には大風雨に見舞われるという、異常な寒冷気候が列島を襲い、全国的な不作に伴う飢饉が発生した。

翌寛喜三年は飢饉がいよいよ深刻化し、四月には京都で「餓死に依《よ》り、死人、道路に充満す(餓死者が道路に満ちている)」(『民経記』四月六日条)という状況となる。五月には、京都で人々が富豪の家を襲い、勝手に飲食して、銭や米を押し借りる(強奪同然に借りる)事件が頻発し、京中の治安維持を担当する六波羅探題が禁圧に駆り出された。

七月には「死骸、道に満ち」る状況が加速し、歌人として名高い藤原定家は日記『明月記《めいげつき》』に、「草廬《そうろ》の西の小路〈縦小路《たてこうじ》、転法輪《てぼり》と号《ごう》す〉の死骸、日を逐《お》って加増す。屍香《しこう》、徐《よう》く家中に及ぶ。凡《およ》そ日夜を論ぜず、死人を抱《かか》へ過ぎ融《とお》る者、勝《あ》げて計《かぞ》ふべからず」と書いた。自宅の西の転法輪《てぼり》小路の放置死体が日に日に増え、死臭が自宅まで漂い、毎日昼も夜も、死体を抱えて通行する者が数え切れない、と(七月二日条・三日条)。

このような中、執権泰時は、従来禁じていた人身売買を、特例的に許可する法令を出した。身を売って奴婢《ぬひ》(奴隷)に身を落とすことを認める法律は、人道上の観点から存在すべきでないが、それが餓死を免れる唯一の方法ならば、認めざるを得ない、という発想だった。『吾妻鏡』はこれを、「撫民《ぶみん》」のための処置だと記録している(延応元年五月一日条)。「撫民」とは〝民を撫《な》でるように慈しみ育むこと〟である。

泰時はまた、寛喜の飢饉で九〇〇〇石《こく》の米(九〇〇〇人が一年間に消費する量の米)を飢えた民に放出して貸し出し、翌年に返済が困難と知ると、返済期限をさらに一年延ばした。地域によっては年貢を全額免除し、田地や生業を失って流浪する百姓には、食糧を支給した。それらは皆、「撫民」政策に基づいた行為だった(『吾妻鏡』貞永元年一一月一三日条)。

このように、諸国の百姓が生存すら困難な中で、無用の長物というべき大内裏の造営のための増税など、できるはずがない。しかも国策を左右する地位にある執権泰時は、特に「撫民」を重視し、百姓の負担の軽減を、朝廷・幕府の都合より優先した。大飢饉の直撃で百姓が極端に疲弊し、時間をかけて生産力の回復を待つしかない時期に、泰時のような人物が国政を担う限り、大内裏が再建される可能性は、全くなかったといってよい。

最大限まで強化された治安維持体制

泰時は、京都の治安維持にも腐心した。嘉禎四年（一二三八）に新設した篝屋《かがりや》がそれである。篝屋は京都市街地の主要な交差点に拠点を設け、篝火《かがりび》を焚《た》いて御家人を常駐させ、犯罪抑止を担う夜警制度だった。これで、幕府が全面的に京都の治安維持を担う体制は、最大限まで強化された。

もっとも、五年後の寛元《かんげん》元年（一二四三）に、「未完成の篝屋を速やかに完成させよ」と幕府が六波羅に命じた事実を見るに、篝屋の設置・運営は難航したらしい。篝屋は「洛中の要害の所々」に建造される計画だったが（『葉黄記』寛元四年一〇月一三日条）、立錐の余地もなく都市化が進んだ京都で、土地の確保が困難を極めたのだ（『吾妻鏡』寛元元年閏七月六日条）。

篝屋の警備は、当初は大番役《おおばんやく》（七五頁）で上洛した武士が担った。しかし、篝屋の新設から八年後の寛元四年に幕府はそれをやめ、六波羅の指揮下の在京武士（京都に定住する御家人）に担わせた（『鎌倉遺文』六六〇九）。それは恐らく、その頃から進んでいた御家人の財政的窮乏と関係するだろう。上洛して大番役を務めること自体が大変な負担であるから、その上に篝屋役の負担まで加わって、手に余ったに違いない。

その制度改革からわずか九ヶ月後の寛元四年一〇月、幕府はついに篝屋の停止を決め、京都には「群盗が充満」し、強盗や放火が相次いでしまう。それでも、篝屋の設置は泰時の大きな功績として記憶され、「設置以来、京都には夜盗の恐れがなくなり、人々は枕を高くして寝た」と、廷臣が証言している（『葉黄記』一〇月一三日条、『民経記』一二月八日条）。

第五章　「平安京」から卒業する京都

反得宗の抗争と九条家の落日

仁治《にんじ》三年（一二四二）、執権泰時は世を去った。後を継いで執権となった孫の経時《つねとき》は、二年後の寛元《かんげん》二年（一二四四）に将軍頼経を引退させ、息子の頼嗣《よりつぐ》に将軍職を継承させた。しかし、前将軍の頼経は鎌倉に留まって「大殿《おおとの》」と呼ばれ、依然として存在感を高め続けた。

その中で、執権経時は二年後の寛元四年に、二三歳の若さで病没してしまう。弟の時頼《ときより》が後を継いだが、短期間に世代交替を重ねた得宗家の足元は揺らいだ。そこにつけ込んで、反得宗の急先鋒だった北条一族の名越光時《なごえみつとき》が反乱を企てた。時頼は機敏に動いて挙兵を未然に防いだが、その余波で、彼らに担がれた前将軍頼経が、京都に追放されてしまう。寛元の政変である。しかも事件はそれで終わらず、翌宝治《ほうじ》元年（一二四七）、頼経の鎌倉復帰を狙って三浦《みうら》氏が反乱を起こし、滅ぼされた。これを宝治合戦という。

北条氏の覇権が確立するにしたがって多くの有力御家人が没落していった中で、三浦氏は希少な有力御家人だった。その三浦氏の滅亡で、得宗家と対峙できる御家人はほぼ、幕府から消え、幕府は得宗家の独裁へと突き進んでゆく。ほぼ、といったのは、最後の有力御家人・足利氏が残っていたからだ。

足利氏は何世代も得宗家と婚姻関係を重ね、隠然たる勢力を誇った。しかし、その足利氏も、四年後の建長《けんちょう》三年（一二五一）に、反得宗の陰謀に関係したらしい。詳細は不明だが、当主の足利泰氏《やすうじ》は出家に追い込まれ、玄孫《げんそん》（孫の孫）の尊氏《たかうじ》が幕府最末期に登場する頃まで、足利氏は政治の表舞台から消えてしまう。さらに、巻き込まれたらしい将軍頼嗣も京都に送還され、九条家の将軍（摂家将軍）の時代は幕を閉じた。

念願の親王将軍擁立と幕府の財政逼迫

北条時頼はそれを機に、ようやく幕府の念願を果たす。親王将軍の実現である。かつて承久の乱後に立てられた後堀河天皇は若くして没し、息子の四条《しじょう》天皇も幼少のうちに事故死したため、幕府は土御門上皇の息子（後鳥羽上皇の孫）を立てて後嵯峨《ごさが》天皇とした。後嵯峨は寛元四年（一二四六）に在位四年で息子の後深草《ごふかくさ》天皇に譲位したが、上皇として院政を敷いていた。

幕府の意向で皇位に就いた後嵯峨は、完璧に幕府に従順だった。「自分の死後は皇位継承者を決めて欲しい」と幕府に丸投げしたほどだ。そうであるから、「皇子を将軍に欲しい」と時頼が要請した時、後嵯峨は快諾し、息子で後深草天皇の兄にあたる宗尊《むねたか》親王が、六代将軍として幕府に迎えられた。

皇子を将軍にする構想は、実は源頼朝の晩年には構想されていたらしく(佐藤進一—一九八三)、また先にも述べたように、源実朝の没後、北条政子・義時らも後鳥羽の皇子を将軍に望んだ。親王将軍は、幕府が最初期から温めて願い続けてきた、幕府の基本構想なのである。後鳥羽が拒否したため、幕府は摂家将軍という妥協案を強いられたが、それも藤原頼嗣の京都送還で終わった。宗尊が将軍として鎌倉に迎えられた建長四年(一二五二)こそ、幕府がついに親王将軍の擁立という念願を果たし、幕府が形式的な完成を迎えた年なのだった(桃崎—二〇一六c)。

それはよかったが、幕府には一つの大誤算があった。親王は身分が高すぎるため、宗尊が行動するたびに、身分相応の従者や高級な装束・用具が多数必要になり、幕府財政を圧迫したのだ。親王将軍は金食い虫だという現実に、幕府は親王を迎えて初めて気づいた。

それでなくとも、すでに御家人の経済的な体力は低下していた。最大の要因は、幕府の政争だ。頼朝の死後、すぐに梶原景時《かじはらかげとき》や畠山重忠《はたけやましげただ》などの有力御家人が粛清され、実朝の時には和田義盛《わだよしもり》一族が族滅する和田合戦(建保《けんぽう》合戦)があったのをはじめ、宝治合戦で三浦氏が族滅するまでに幕府は大規模な内紛を繰り返し、次々と有力御家人が没落・消滅していった。

そうした政争のたびに、財力が豊富な御家人は消えるか勢力を減らし、残るは弱小御家人ばかりになった。それとは対照的に、北条氏は増えに増え、有力な庶流が次々に家を興し、そして中心にいる得宗家の権力と財力は絶大になった。御家人は幕府の運営費、特に重要な儀礼の費用を負担できなくなり、われ先にと儀礼をサボタージュし始め、幕府儀礼は傾き始めた。時頼はその再建に熱心に取り組み、根気強く御家人を儀礼の場に引き出そうとしたが、問題が〝ない袖《そで》は振れぬ〟点にあるので、成果は出なかった(桃崎―二〇一六a)。

閑院内裏の再建と遠のく大内裏再建

じりじりと追い詰められていった御家人の財政に、さらに二つの出来事が大きな穴を開けた。一つは金食い虫の親王将軍の擁立だが、実はその前に、御家人の財政を破綻へと導く巨大な負担が課せられていた。閑院《かんいん》内裏の再建事業である。

閑院内裏は二条大路の南、油小路《あぶらのこうじ》の東、押小路《おしのこうじ》の北、西洞院《にしのとういん》大路の西にある。面積は二町(南北二町×東西一町)にすぎないが、里内裏としては大きい。閑院は、平安前期に造られた摂関家の邸宅だが、最終的に天皇家に伝わり、嘉保《かほう》二年(一〇九五)に白河上皇の御所、次いで同年に堀河《ほりかわ》天皇の内裏として使われたのを皮切りに、好んで本内裏に使われた。特に、後白河院政の時、高倉天皇(後白河の子)の頃からは、天皇はほとんど閑院内裏に住んだ。

その閑院は、鎌倉幕府が全面的に請け負って、大内を模倣した本格的な内裏専用邸宅に生まれ変わっていた(六〇頁)。それ以前も含めて、里内裏としての使用実績は一〇〇年を超え、後堀河・四条・後嵯峨・後深草の歴代天皇も、主に閑院内裏に住んだ。一方、大内裏は、嘉禄《かろく》三年(一二二七)に焼けて以来、放置されていた。朝廷は完全に、閑院内裏に依存していたのだ。閑院はもはや、押しも押されもしない根本内裏だった。

ところが宝治《ほうじ》三年(一二四九)、その閑院内裏が火事で焼失してしまう。まだ将軍頼嗣が京都に追放される前のことだ。大内裏はなくても困らないが、閑院内裏はないと困る。当時の後深草天皇は、自分の宮殿を失ってしまった。閑院に比肩すべき規模の邸宅は、当時の京中にはない。朝廷は至急、内裏を再建せねばならなくなった。そのような大事業を、慢性的な財政難に悩む鎌倉時代の朝廷に担えるはずもなく、当然、幕府の出番となった。

この時、理屈の上では、大内を再建するという選択肢もあり得た。しかし、それは現実的に困難だった。大内裏の跡地の中に、大内(内裏)だけ壮麗に再建しても、意味がない。大内を再建するなら、それを囲む大内裏の街路や土地を整備し、数々の庁舎も再建せねば格好がつかない。八〇町に及ぶ広大な大内裏全体の再建は諦めるとしても、内裏周辺と、そこから京中までの間を結ぶ空間だけは、再建する必要がある。しかし、幕府(を支える御家人)が辛うじて拠出できるのは、内裏の再建費用だけであり、数々の官庁まで再建する余力はない。そしてそもそも、当時の朝廷の行政システムの形式上、大内裏の数々の官庁は全く不要であり、その再建は浪費以外の何物でもない。

かくして、大内裏全体はもちろん、大内だけを再建するという選択肢も封じられた。内裏を単体で再建する資力しかないのなら、閑院を再建するしかない。絶対的には多大な負担だが、わずか二町規模の閑院の再建は、大内裏再建よりはるかに容易だ。ただし、一つ問題が残る。天皇は引き続き里内裏に住み続けることになり、幕府が余力を使い果たすので、将来的な大内裏再建の可能性が、限りなくゼロに近づいてしまうのだ。

“中世内裏”成立という画期

建長二年(一二五〇)、鎌倉幕府は全御家人に負担を割りあてて閑院の再建に乗り出した。それにあたり、時頼と幕閣は一つの決断を下していた。往年の実朝の事業を模倣して、閑院内裏を内裏専用邸宅として再建し、今後はそれさえあればよいと考えることに決めたのである。これを境に、幕府の財力は、閑院内裏の維持だけに注がれることになった。

大内は根本内裏の地位を完全に奪われ、以後、大内裏再建は話題にもされなくなった。これまでは、どれだけ閑院内裏が快適な本内裏でも、形式上の根本内裏として大内は存在せねばならず、その再建に意を払い続ける必要があった。しかし、〈大内裏を再建せねばならない〉という考え方(負い目)自体が捨てられたのだ。

これまで何度も、何十年も、不可抗力によって、天皇は大内裏再建を諦め、里内裏に暮らすことを余儀なくされてきた。少なくとも形式上はそうだった。しかし、今後は天皇が積極的に里内裏で生きてゆくことになった。それは、内裏のあり方を根本的に変える転換点だった。日本社会は、〈大内が根本内裏でなければならない〉という発想を卒業した。

かくして、天皇と訣別《けつべつ》した大内裏は完全に実体を奪われ、記憶と記録の中に保存されるだけの、過去の存在として確定した。それは、大内裏を理念的に不可欠の中心とした〝平安京〟もまた、その理念とともに過去の領域へと追いやられたことを意味する。内裏は長い歴史を経て〝古代〟を完全に卒業したということであり、つまり〝中世内裏〟の成立というべき画期だった。

すでに京中の各所は、放牧や耕作のため、住人が使いやすいように、好き勝手に改変されていた。また京中の治安維持・行政は、本来なら京職《きょうしき》という役所が担っていたが、京職は平安時代のうちに完全に廃れ、検非違使が治安維持と行政を担っていた。その検非違使の武力も、武士の時代に対応するには不十分なので、実効的な警察力は幕府（六波羅）が担っていた。

建前上の責任においても、実効性においても、もはや京都は朝廷だけのものではなく、朝廷と幕府が手を携《たずさ》えて（というより、ほぼ幕府に丸投げして）治める都市となっていた。

遅れに遅れる閑院再建

閑院内裏が焼失した二ヶ月後の建長元年（一二四九）四月、時頼は早速京都に飛脚を送り、「閑院の造営は幕府が請け負う」と表明した（『百練抄』四月四日条）。翌年三月には、各施設の造営担当者が、御家人に割りあてられた（『吾妻鏡』三月一日条）。四ヶ月後の七月には造営事始《ことはじめ》（工事開始の儀式）が遂げられ、一一ヶ月後の翌年六月には完成が発表された。

当時の貴族が「大廈《たいか》の構《こう》、不日《ふじつ》に功《こう》を終《お》ふ（巨大な建物の建設が短時日で完了した）」（『経俊卿記』建長三年六月二七日条）と驚き、また鎌倉末期成立の歴史書『五代帝王物語《ごだいていおうものがたり》』に「閑院ヲバ関東ノ沙汰《さた》ニテ程《ほど》ナク造《つくり》テ（閑院を幕府の仕切りで短期間に造った）」とあるように、いざ幕府の手にかかれば、それはあっという間に完成した――かに見えた。しかし実は、そうではなかった。

閑院再建が決定すると、幕府は御家人各自の経済力に配慮して、担当箇所と負担量を発表した。たとえば、「紫宸殿《ししいでん》は相模守《さがみのかみ》（執権北条時頼）」「清涼殿《せいりょうでん》は甲斐前司《かいのぜんじ》・駿河《するが》入道（評定衆の長井泰秀《やすひで》・中原季時《すえとき》）」「宜陽殿《ぎようでん》は陸奥守《みちのくのかみ》（連署北条重時）」といった具合だ（『吾妻鏡』建長二年三月一日条）。そして、内裏を囲む築地《ついじ》（土製の塀）も、「十本〈左衛門陣《さえもんのじん》の南、垣形《かいがた》（築地の末端の木枠）二本あり〉は武田伊豆入道跡《あと》（武田信光《のぶみつ》の後継者）」といったように、長さと場所が御家人に割り当てられていた。

当時、築地の長さは一本・二本……と数えたようで、鎌倉後期のある記録に「一本ト云《いう》ハ二丈《じょう》」と見えるのが、「一本」の実寸を伝える唯一の情報である（『諸談部類』所引『愚要抄』所引「古記」）。それによれば、〈一本＝二丈＝二〇尺＝約六・〇六m〉となる。閑院内裏ではその築地を合計二八〇本、つまり全長一六九七mも造らねばならなかった。

閑院は南北二町×東西一町で、〈一町＝四〇丈≒一二〇m〉なので、内裏を囲む築地が八八本＝五三三m必要になる。さらに、内裏の周辺区域に「裏築地《うらついじ》」（美観のため、そして礼節と交通の両立のために街路の中に設けた築地）を一九二本＝一一六四mも造らねばならなかった。

ところが、閑院内裏に後深草天皇が帰住した建長三年段階で、実はその築地が全然完成していなかった。合計二八〇本の築地のうち、六四％におよぶ一七八本が、手つかずのまま、工事さえ始められていないと判明したのである（『吾妻鏡』六月二一日条）。

百姓に丸投げされる臨時増税

閑院内裏の主要な殿舎の造営は、執権以下の有力な幕閣・北条一門が担当した。膨大な所領を持つ彼らは、一般の御家人より桁外《けた》れに富裕であるし、御家人に負担を命じる以上、率先して役割を終えたに違いない。

そのため、内裏の主要な殿舎は速やかに完成し、天皇が暮らせる最低限の施設は整った。一方、内裏の内部を街路から隠す築地と、周辺の美観・礼節上の装置にすぎない裏築地は、天皇の生活自体に直結しないため、半分以上が未完成でも天皇は帰住した。しかし、捉え方によっては、天皇は市街地に、半分裸の状態で晒されていたのである。

そうなった理由は、築地の未完成が発覚した時に、執権時頼が出した御教書《みぎょうしょ》(幕府の命令書)に明らかだ。そこには次のようにある(『吾妻鏡』建長三年六月二一日条)。

造閑院殿《ぞうかんいんどの》の用途の事

右、仏神《ぶっしん》の田においては、本《もと》よりこれを除《のぞ》かる。その外《ほか》に至りては済《な》さしめ、地頭の加徴《かちょう》の所々は、その沙汰《さた》を致すべし。

閑院内裏の造営負担は、最初から仏・神の田(神社・寺院の荘園)には免除しているが、それ以外は定められた通りに支払え、「地頭の加徴」の分は、地頭が徴収して納めよ、という。「地頭の加徴」とは、地頭が本来の税に加えて、百姓に課した臨時増税である。

地頭・御家人は、自分の所領の田地のうち、一定部分を幕府に把握され、課税の対象とされた。それを「公田《こうでん》」といい、幕府は恒例・臨時行事の費用や将軍御所の維持費などを、定期的・臨時に、公田に賦課した税で賄《まかな》った〈中野栄夫―一九八一、清水亮―一九九六・二〇〇二〉。それは「段別《たんべつ》〇〇文《もん》」という形、つまり、公田の単位面積である一段《たん》(反)ごとにいくら、という税率で賦課され、その税率を公田の総面積に掛けて税額が決まった。幕府はこの方式を利用して、閑院内裏の造営費用を地頭・御家人に賦課し、捻出した。

しかし、その臨時増税は、地頭・御家人自身が負担したのではなかった。それは「地頭の加徴」、つまり百姓に対する増税として、百姓に丸投げされたのだ。重要なのは、それを幕府が公認していた事実である。それは、地頭・御家人が自己負担しきれない額だと幕府が認識していたこと、そして内裏を警備する大番役と同様に、〈内裏造営は、日本国の全員が負担すべき、最も公益性の高い事業である〉と幕府が認定したことを意味している。

こうして閑院内裏は完全消滅した

廷臣の日記だけを読んでいると、閑院内裏は苦もなく完成したように見える。しかし、役割分担をあっさり果たしたのは、ごく一部の有力幕閣だけだ。疲労の極みに達していた一般の御家人と、その負担を転嫁される百姓にとっては、負担能力の限界を超えていた。

そうして御家人と百姓を虫の息にした閑院内裏が完成した翌年、親王が将軍として着任した。内裏造営という臨時の大出費だけでも痛いのに、今後は恒久的・日常的に、金食い虫の親王将軍のため、幕府・御家人の負担が激増することが決まったのだ。一回だけで巨費が飛ぶ親王将軍の出行が極限まで抑制されたのも、幕府で倹約が何度も叫ばれたのも、御家人が幕府儀礼に参加意欲を失ったのも、こうした経緯に対する帳尻合わせだった。

それだけではない。この件には、救いのない結末が待っていた。あれだけ御家人・百姓らが大変な思いで造りあげた閑院殿が、完成からわずか八年後の正元《しょうげん》元年（一二五九）に、全焼したのだ。しかも複数の記録が「閑院皇居放火」と、火事が放火だったことを伝えている（『不知記』『歴代皇記』『皇代暦裏書』『皇代略記』五月二二日条）。犯人の動機は、『五代《ごだい》帝王物語《ていおうものがたり》』が伝える次の話が本当なら、実にくだらない理由だった。

同五月廿二日、閑院又回禄《またかいろく》アリ。最勝講《さいしょうこう》ノ御装束《ごしょうぞく》用途ヲ行事官《ぎょうじかん》ガ下人《げにん》アマタ私用シテ、日ハ近クナル、イカニモスベキ様《よう》ナクテ、火ヲ付タリケル。末代《まつだい》ノ作法、力《ちから》ナシト申《もうし》ナガラ、不思議ノ事也《なり》、其下手人《そのげしゅにん》ハ禁獄《きんごく》セラレタリシカドモ、云《い》フカヒナキ事ニテゾアリシ。

最勝講《さいしょうこう》という朝廷主催の仏事で、参加者の衣服や会場の設備を調達する装束司《しょうぞくし》の従者が、行事の資金から多額を着服していた。その穴を、仏事の期日までに埋められそうにないので、仏事を延期させるため、会場の内裏に火を放ったという。犯人は逮捕・禁錮《きんこ》されたが、そのような汚職事件の尻ぬぐいとしては、失われたものはあまりに大きかった。

こうして、幕府の渾身《こんしん》の大事業である閑院内裏は灰と化し、苦しい中で身を切った御家人と百姓の努力は徒労に終わり、御家人の財力と諸国の生産力を悪化させただけで終わった。その大きな挫折感を抱えたまま、弘長《こうちょう》三年(一二六三)、北条時頼は病没した。

時頼の後は息子の時宗《ときむね》が継いだが、周知の通り、彼の時代に日本は史上最大級の国難に見舞われた。文永《ぶんえい》一一年(一二七四)と弘安《こうあん》四年(一二八一)の二度、中国(元《げん》)とその支配下の高麗《こうらい》が日本に侵略戦争を挑んだ元寇《げんこう》(文永・弘安の役)である。二度とも幕府軍が奮戦して撃退し、日本の国土は寸分も奪われずに済んだ。しかし、二度の対外戦争で御家人の疲労は極みに達し、しかも三度目の侵略がないという保証がなかった。元・高麗連合軍は、勝手に北九州沿岸から撤兵しただけで、講和条約の類を締結しなかったからだ。

日本は三度目の侵略を恐れ、九州・西日本の日本海沿岸の防備を強化し続けねばならず、だらだらと戦時体制が続いた。終わらない戦時は、御家人の体力を奪い続けた。その中で、幕府の儀礼さえ維持するのが困難になり、もはや御家人に負担を求められなくなった。そこで、得宗家を中心とする北条氏一族が、幕府の儀礼に必要な費用と人材を、ほとんど丸抱えするしかなくなってしまった（桃崎－二〇一九）。その状況下で、閑院内裏の再建などのような、朝廷のために浪費する余力は、幕府には少しも残っていなかった。

第二部　天皇家の迷走がもたらす京都の拡張

第六章　京都を押し広げる両統迭立

天皇家の兄弟喧嘩は京都をどう変えたか

朝廷は朝廷で、問題を抱えていた。天皇家の分裂、いわゆる〝両統迭立《りょうとうてつりつ》〟（両《ふた》つの皇統が迭《たが》いに交代で天皇に立つ）である（以下、適宜、二二二頁の系図を参照されたい）。

承久の乱後に幕府が立てた後堀河天皇は天福《てんぷく》二年（一二三四）に二三歳で若くして没し、息子の四条天皇も仁治《にんじ》三年（一二四二）に一二歳で急死してしまった。次の天皇候補には、順徳上皇の皇子忠成《ただふさ》王と、土御門上皇の皇子邦仁《くにひと》王の二人がいたが、幕府は当然、承久の乱で幕府に敵対しなかった土御門上皇の皇子を選び、邦仁が後嵯峨天皇となった。

後嵯峨は寛元《かんげん》四年（一二四六）に譲位して院政を敷き、息子の後深草天皇が立ったが、後嵯峨は後深草の弟の恒仁《つねひと》を愛し、正元《しょうげん》元年（一二五九）に皇位を継承させて恒仁が亀山《かめやま》天皇となった。後嵯峨自身は、自分の死後の皇位継承を幕府に一任したが、後深草・亀山の兄弟はどちらも「自分とその子孫こそ正統な後継者だ」と主張した。

後深草は亀山の兄であり、後嵯峨の嫡男《ちゃくなん》であって、彼が正統だという主張には一理あった。一方、亀山は弟ながら父に愛され、「自分とその子孫こそ正統な後継者だというのが後嵯峨院の本心だ」と主張し続けた。こうして、両統迭立が始まった。

後深草とその子孫は「持明院統《じみょういんとう》」と呼ばれ、亀山とその子孫は「大覚寺統《だいかくじとう》」と呼ばれる。それぞれ、持明院殿《どの》・大覚寺殿《どの》という場所を拠点にしたからである。一般には、彼らが最初から持明院殿や大覚寺殿を本拠としたとイメージされがちだが、それは大変な誤りで、そうなるのは両統迭立の後半を過ぎた頃だ。そのことは、両統迭立期の内裏・院御所について、先駆的な基礎研究を果たした専門家によって、かなり前から指摘されてきた(川上貢―一九六七a・一九六七b)。

本章では、それらの基礎研究をベースに、オリジナルの発見を織り交ぜて、両統迭立が京都・京郊《きょうこう》(京都近郊)にもたらした変化を追跡しよう。それによって見つめたいのは、〈両統迭立がどのように「京都」を拡大させたか〉である。あまり一般書で語られない話なので、ややマニアックであり、本書独自の考察の結果も多いので、根拠を多く示して込み入った章になる。根拠が不要の読者は読み流されたい。

なお、「持明院統」や「大覚寺統」は当時の呼び名ではなく、後世の学者が与えた学術用語にすぎない。それを一般書で使うと話が無駄に分かりにくくなる上、彼らは最後の方まで持明院殿や大覚寺殿を使っていなかったのだから、不適切でさえある。そこで本書では素直に、持明院統を「後深草系」、大覚寺統を「亀山系」と呼んで話を進めたい。

後深草系の本拠地「富小路殿」

皇統が二つに分裂した結果、内裏（として使われる邸宅）も分裂した。後深草系の天皇は「富小路殿《とみのこうじどの》」、亀山系の天皇は「大炊御門殿《おおいのみかどどの》」という邸宅を、主に内裏として使った。それらも含め、関係する邸宅の位置関係については、適宜、一〇二頁の図7を参照されたい。

富小路殿の所在地は、冷泉《れんせい》小路の南、二条《にじょう》大路の北、京極《きょうごく》大路の西、富小路の東にあり、「冷泉富小路殿《れんせいとみのこうじどの》（亭《てい》）」とも呼ばれた（「冷泉《れんせい》」という振り仮名は誤植ではない。今はなぜか「れいぜい」と読むが、中世には「れんせい」と読んだ証拠が山ほどある〔宮廷女官の日誌『御《お》湯殿上日記《ゆどののうえのにっき》』など〕）。面積は一町（約一二〇m）四方、つまり平安京の〝碁盤の目〟の一マス分で、閑院（南北二町×東西一町）の半分だ。

富小路殿の本来の所有者は、西園寺実氏《さいおんじさねうじ》だった（『九条家歴世記録〔洞院教実公記〕』貞永元年四月二三日条、『民経記』仁治三年六月三日条、正元元年一一月一日条など）。彼は、三人の摂関（摂政九条教実《くじょうのりざね》・関白二条良実《にじょうよしざね》・関白一条実経《いちじょうさねつね》）や四代将軍藤原頼経の外祖父（母方の祖父）として、ほしいままに権勢を振るった西園寺公経《きんつね》の嫡子《ちゃくし》である。

その実氏の娘の姞子《きっし》（大宮院《おおみやいん》）が後嵯峨天皇に嫁いで中宮《ちゅうぐう》となり、後深草天皇・亀山天皇を産んだ。富小路殿は実氏から彼女に与えられ、中宮御所として使われた後、彼女の子の後深草天皇が、皇太子時代に御所とした。後深草は、践祚《せんそ》（三種の神器を引き継ぐ皇位継承儀礼）もこの富小路殿で行っている。

朝廷には閑院という根本内裏があるので、天皇となった後深草は閑院に住んだ。しかし、宝治《ほうじ》三年（一二四九）に閑院が焼失すると、二年間の再建工事の間、富小路殿に住んだ。後深草にとって、生まれ育った実家として愛着があったからだろう。後深草は再建された閑院に戻って八年間過ごしたが、正元元年（一二五九）にまた閑院が焼けると、再度、富小路殿に戻った。その年に弟の亀山天皇に譲位させられても、そのまま富小路殿に住み続けて院御所に用いた。後深草が天皇として閑院内裏に住んだ間、富小路殿は彼の中宮の西園寺公子《きんこ》（東二条院《ひがしにじょういん》）。彼女も実氏の娘）の御所となり、そのまま彼女に譲られた。

その後、亀山系が皇位を独占した一八年間、後深草系は雌伏《しふく》を余儀なくされるが、弘安《こうあん》一〇年（一二八七）に久方ぶりに皇位を取り戻し、後深草の皇子の伏見《ふしみ》天皇が践祚した。伏見も父と同じく富小路殿で践祚し、しかも以後一〇年間、永仁《えいにん》五年（一二九七）に焼失するまで富小路殿を本内裏とした。閑院内裏は三八年前に焼けたきり再建されなかったので、かつて閑院のスペア、母方の実家という仮住まいにすぎなかった富小路殿は、後深草系の

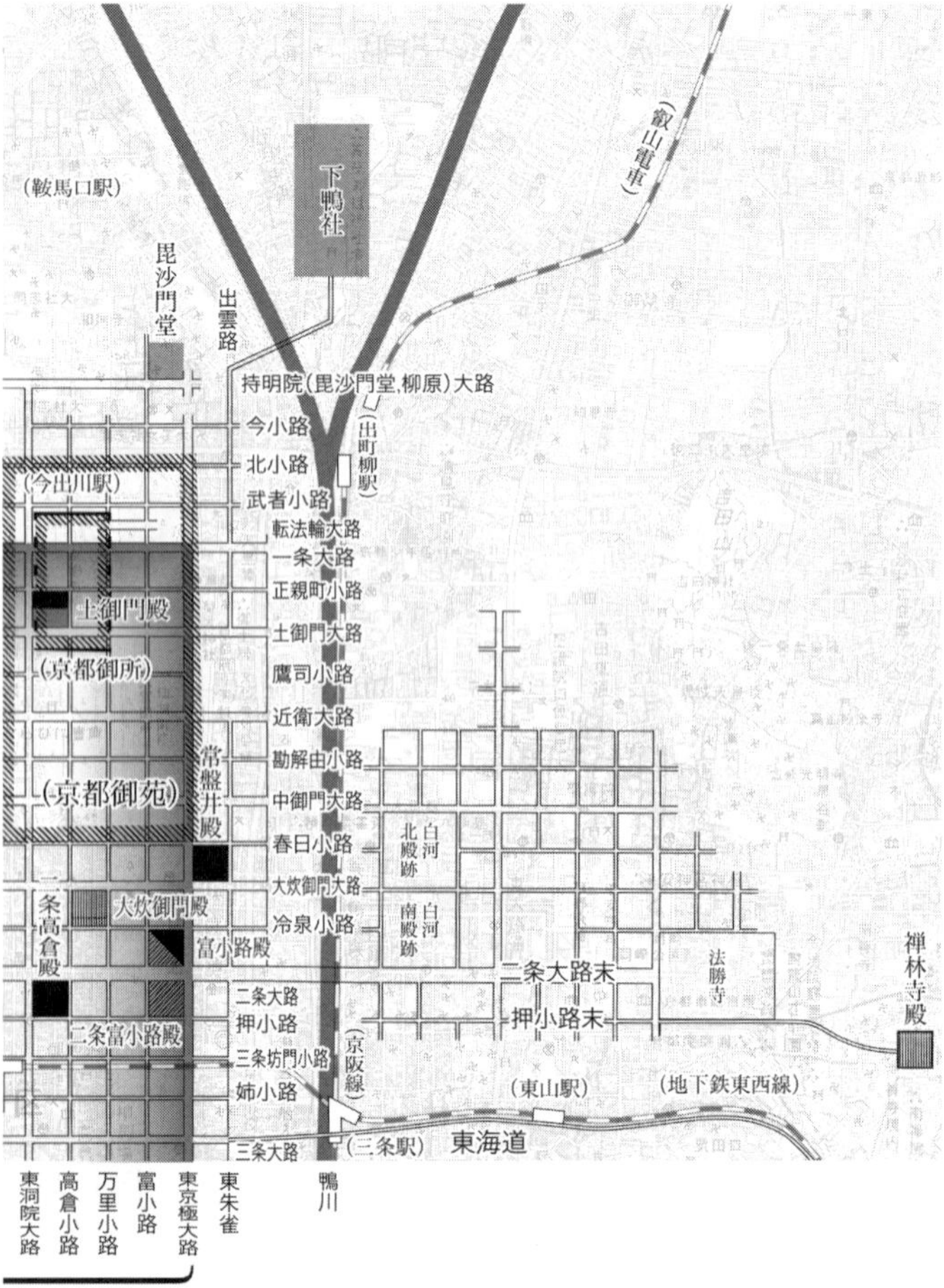

線は亀山系の、斜線は後深草系の御所)

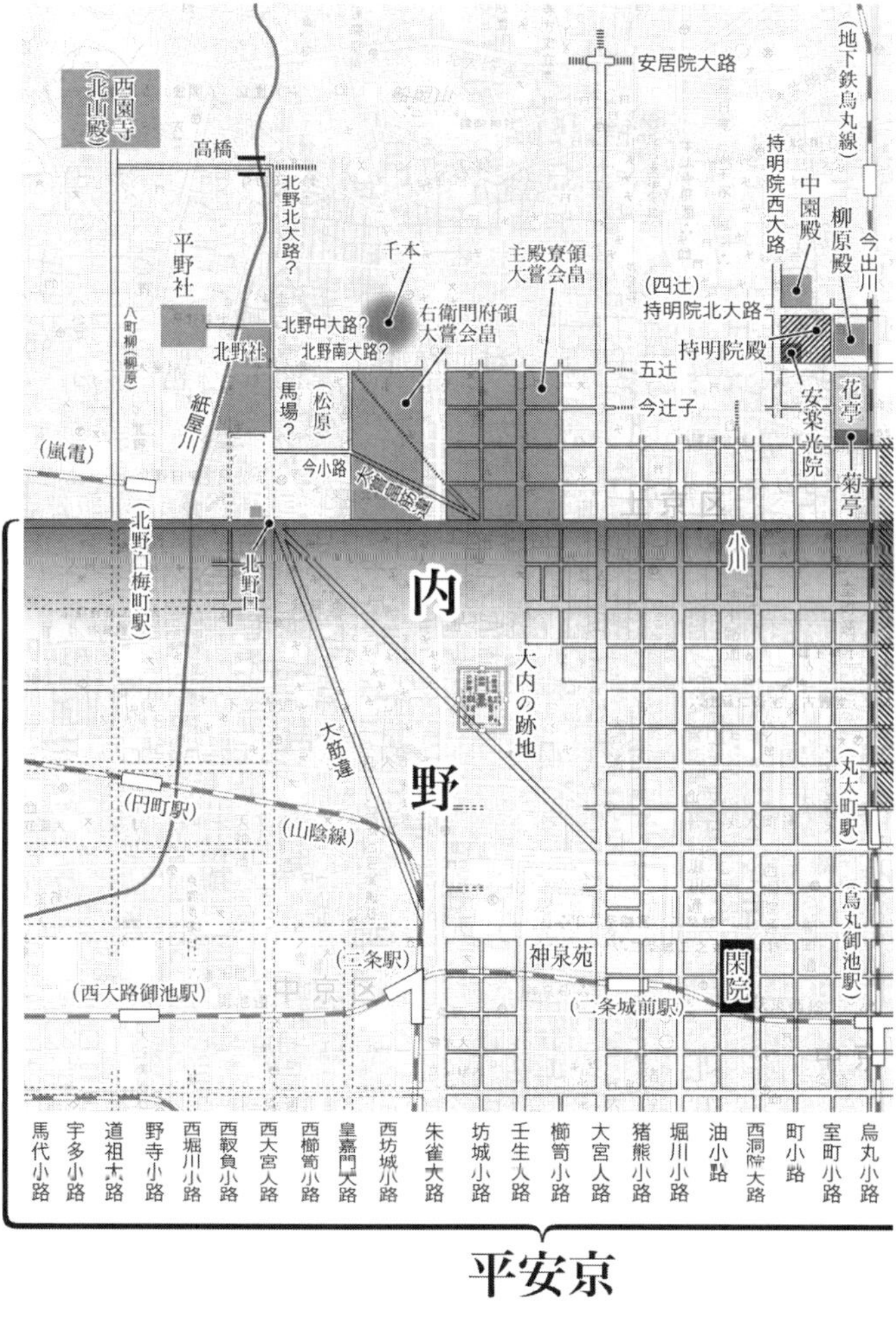

図7　鎌倉時代の主要な里内裏・院御所と京都北郊の開発（黒は両系統で共有の、縦

本拠地に格上げされたのである。

富小路殿は、焼失した翌年の永仁六年に再建され、その年に伏見天皇から皇位を継承した息子の後伏見《ごふしみ》天皇も、そこで践祚した。後伏見は富小路殿に住まず、南隣の二条富小路殿《にじょうとみのこうじどの》という別の邸宅を本内裏にしたが、それは富小路殿に伏見上皇が入って院御所にしたからだ。後伏見自身も、正安《しょうあん》三年(一三〇一)に譲位すると、富小路殿に入っている。

以上に見た通り、富小路殿は、最初は後深草天皇の〝気心の知れた実家〟として仮住まいに使われ、次に伏見天皇が本拠地として本格的に使い、そして伏見上皇・後伏見上皇の院政の拠点となった。まさに後深草系の本拠地というにふさわしい。

亀山系のメイン内裏「大炊御門殿」

これに対して、亀山系の本拠地を「大炊御門殿《おおいのみかどどの》」という。「大炊御門万里小路殿《までのこうじどの》」とも呼ばれ、大炊御門大路の南、冷泉小路の北、万里小路の西、高倉小路の東にあった。後深草系の本拠地「富小路殿」から見ると、西に二町、北に一町の至近距離にある。

大炊御門殿は、もとは四条隆親《しじょうたかちか》という廷臣の邸宅だった。そこは四条天皇の内裏として使われたことがあり、四条天皇の死後、仁治《にんじ》三年(一二四二)に後嵯峨天皇がここで践祚した。後嵯峨をここに結びつけたのも、中宮の西園寺姞子(大宮院。実氏の娘)である。姞子の母の四条貞子《さだこ》は、四条隆親の妹だった。つまり、四条隆親は、後嵯峨から見て正妻の伯父であり、そして姻戚関係によって西園寺家の一派だった。その縁から、四条隆親の大炊御門殿を、後嵯峨が内裏に用いるようになったのだろう。

その後、後嵯峨は閑院内裏に移ったが、寛元四年(一二四六)に後深草に譲位すると、また大炊御門殿に戻って院政の拠点とした。後嵯峨院はこれを長く愛用し、中宮姞子が生んだ亀山天皇に与えた。こうして大炊御門殿は、亀山系の拠点という性質を持ち始める。

亀山はここを内裏に用い、譲位後も院御所に用いて拠点とした。息子の後宇多《ごうだ》天皇も、弘安元年(一二七八)に内裏だった二条高倉殿《にじょうたかくらどの》が焼けた後、この大炊御門殿を五年ほど内裏に用い、譲位後もまた用いて院御所とした。後宇多の息子の後二条《ごにじょう》天皇も、本内裏だった二条高倉殿の修復工事中だけだが、一年半ほど大炊御門殿に住んだ。

後深草系の富小路殿と同様に、大炊御門殿は亀山系の院政の拠点であり、またスペアの内裏として機能した。そして、富小路殿と大炊御門殿は、それぞれ後深草系・亀山系と密着し、互いに使い合うことはなかった。富小路殿と大炊御門殿は、二つの天皇家それぞれの家産であり、決して一つの皇室全体の財産ではなかった、ということだ。

両統で共有される「常盤井殿」と「二条高倉殿」

それらの御所は、最終的に院政の拠点となった。しかし、内裏が焼けて天皇の仮住まいが必要になると、院から息子の天皇に提供され、玉突き式に、院は別の御所に退避した。〈天皇と院は同居できない〉大原則があったからだ。

そうした場合に、一時的な院御所として、後深草系か亀山系かを問わずに使われた御所がある。その名を「常盤井殿《ときわいどの》」といい、その本来の持ち主も、またしても西園寺実氏だった。基本的に、両統迭立期の内裏や院政の拠点は、ほとんど西園寺家一派のテリトリーの中で完結していたといってよい。

常盤井殿は、春日《かすが》小路の南、大炊御門大路の北、京極大路の東にあった。京極大路は平安京の東の境界であるから、その東にある常盤井殿が、厳密には京中でないことに注意されたい。平安京は、天皇の宮殿(内裏)のお膝元だからこそ京としての存在価値があるのであって、天皇が京外に住んでしまっては、平安京は存在意義を失ってしまう。だから天皇は、実質的に平安京と連続していようと関係なく、絶対に平安京の外には内裏を置かない。常盤井殿も天皇に使われることはなく、院御所として使われるにとどまった。

もう一つ、皇室全体で使われた御所に、二条高倉殿《にじょうたかくらどの》がある。それは、弘安六年(一二八三)に四条貞子(一〇五頁)の御所として造られた。二条高倉殿は、本拠地の大炊御門殿を焼け出された亀山天皇が内裏に使い、亀山から皇位を譲られた息子の後宇多《ごうだ》天皇も内裏にした。一度焼失したものの、後宇多は弘安一〇年に譲位するまでここを内裏にしている。

後宇多の次の伏見天皇は、後深草の子なので、後深草系の本拠地である富小路殿を内裏に用いたが、永仁《えいにん》五年(一二九七)に富小路殿が焼けた時、やはり二条高倉殿に居住した。伏見の子で皇位を継いだ後伏見天皇は、在位中は二条富小路殿を、譲位後は富小路殿を用いただけで、二条高倉殿には住んでいない。しかし、次の後二条《ごにじょう》天皇(後宇多の子)は二条高倉殿で践祚し、徳治《とくじ》三年(一三〇八)に没するまで住み続けた。

二方向へ開発・拡張される「京都」と乱立する御所

以上が、両統迭立期の内裏のあらましである。それぞれの皇統に専属の内裏と、双方で共有される内裏の二種類があったが、それ以前と比べると、内裏は乱立して、天皇の代替わりごとに変転した印象が強い。根本内裏の閑院が滅んだことが、最大の要因だった。

しかし、中世の朝廷は院政が基本である。そのため、内裏がどこにいくつあり、今の内裏がどこなのか、という問題は、どちらかといえば枝葉末節だった。重要なのは、真の政治の中枢である院御所が、どこにいくつあるか、だ。しかも、両統迭立は頻繁な天皇の交替を促し、その結果、院(上皇・法皇)が量産されて乱立した。最もひどい後二条天皇の時には、何と五人の院(亀山・後深草・後宇多・伏見・後伏見)が併存したほどだ。その中で重要な意味を持ったのは、治天《ちてん》(院政を敷く院)の御所だけである。

しかも、対立する二系統の天皇家は、院御所を共有しなかった。彼らは独自に自派の院御所を確保し、自分たちに院政の順番が回ってくる(自分の息子や孫が天皇になる)と、それらを院政の拠点にした。院政の拠点も頻繁に変転し、しかも一人の治天が複数の院御所を行き来するので、朝廷の中枢が少しも固定しなかった。

それが、後深草系の富小路殿のように、京中にあるならまだよい。ところが、亀山系は京都の外に築いた院御所を拠点とし、後深草系もまた富小路殿を火事で失った後、同じことをした。それが何をもたらしたかといえば、京都近郊が二つの皇統と連動して二方向(西と北)に開発され、実質的な「京都」が平安京を踏み越えて拡大したことだった。

亀山系上皇の末期の本拠地「大覚寺殿」

まず、京都を西へと膨張させた亀山系の院御所、特に有名な大覚寺殿《だいかくじどの》の話から始めよう。

後宇多法皇は、愛息の後二条天皇が亡くなる一年前の徳治二年(一三〇七)、寵愛《ちょうあい》していた皇后(遊義門院《ゆうぎもんいん》)と死別した時に出家し、京都西郊の嵯峨の大覚寺に住んだ。

大覚寺は〝上皇の御所〟という意味で「殿」の字をつけられ、「大覚寺殿」と呼ばれて院政の拠点になった。ただ、大覚寺殿が亀山系の拠点になったのは徳治二年、鎌倉時代が終わるわずか二六年前である。後宇多は大覚寺殿で、後二条天皇の父として院政を敷いたが、すぐに後二条が没してしまい、皇位と治天の地位は後深草系に移ってしまう。

後二条の享年はたった二四歳だった。その若さも問題だが、最大の問題は在位中に没したことである。天皇は神道祭祀の親玉なので、出家して僧になれない。神道は死後の面倒を見ないので、死後の安楽を願うには仏教に帰依するしかなく、安楽をより確実にするには大きな功徳《くどく》(仏教的な善行)を積む必要があり、最大の功徳は出家だった。そこで、天皇は退位・出家して法皇として死去するのが理想で、出家前に急に亡くなる場合も、臨終間際に側近が大慌てで髪を剃り、強制的に出家させたほどだった。

その意味でも在位中の死去は不幸だが、問題は天皇個人にとどまらない。天皇に在位中の死をもたらすような不吉な内裏は、忌《い》み嫌われて使えなくなってしまうのだ。古代なら在位中に没するのは当然だったし、そんなことで内裏(大内)を捨てたりはしなかったが、中世の迷信は、若き天皇が在位中に亡くなるような内裏の存続を許さなかった。

後二条が没した翌年の延慶《えんぎょう》二年(一三〇九)、後宇多は、亡き後二条の内裏だった二条高倉殿の紫宸殿《ししいでん》(内裏の正殿)を大覚寺に移築した。息子の命を奪った不吉な内裏を解体して消滅させるとともに、彼を弔う縁《よすが》として、自分の住む寺の内部に移築したらしい。

後二条の没後は、後深草系の花園《はなぞの》天皇(後伏見の弟)が立った。父の伏見上皇が院政を敷き、伏見が出家して引退すると、花園の兄の後伏見上皇が院政を敷いた。その間、大覚寺殿は単なる後宇多法皇の御所にすぎず、院政の拠点ではなかった。

花園天皇が文保《ぶんぽう》二年(一三一八)に退位すると、後宇多の息子の後醍醐天皇が立ったため、再び後宇多院政が始まったが、三年後の元亨《げんこう》元年(一三二一)に院政をやめ、以後、後醍醐の親政になった。そのまま鎌倉時代は終わり、両統迭立も終わりを告げて、南北朝の動乱へと突入してゆく。

南朝となった亀山系(後醍醐とその子孫)は、大和の吉野などに逃れていたので、一度も大覚寺殿を使わなかった。再び使われるのは、一四世紀末に南北朝が合一された後、後亀《ごかめ》山《やま》上皇(後醍醐の孫)の御所になった時だが、引退を強いられた後亀山は院政を敷けなかったので、大覚寺殿は二度と院政の拠点にならなかった。

後醍醐天皇の時の後宇多院政はわずか四年間で、後二条天皇の時の一年間と合わせても、五年しかない。大覚寺殿を拠点にしたのは後宇多だけなので、大覚寺殿が亀山系の院政の中枢だったのは、後宇多院政の五年間だけだ。後深草が亀山に皇位を譲らされた正元元年(一二五九)から数えて、両統迭立を否定した後醍醐天皇の建武の新政が始動する元弘《げんこう》三年(一三三三)まで、足かけ七五年間も続いた両統迭立の中で、亀山系は末期の五年しか院政の拠点として大覚寺殿を使わなかった。その亀山系を「大覚寺統」と呼んで学校で覚えさせるのは、誤解ばかり招いて実態から遠ざける、実にためにならない教え方だと思う。

後嵯峨・亀山二代の別荘「亀山殿」

亀山系にとって、重要なのは大覚寺という寺そのものではなく、大覚寺があった、京都西郊の「嵯峨《さが》」という地域の方だ。大覚寺はそもそも、かつて平安初期に嵯峨上皇の隠居所だった「嵯峨院《さがいん》」を、彼の死後、寺に改めたものだった。

嵯峨は、荒野と化していた大内裏（内野）から約六km、平安京の西端からでも四kmも西にあり、都市域として洛中（平安京の東半分である左京、特に四条以北）と全く連続していない。嵐山《あらしやま》の麓《ふもと》、桂川《かつらがわ》（大堰川《おおいがわ》）の河畔《かはん》の嵯峨は風光明媚《ふうこうめいび》で過ごしやすく、平安時代の昔から、政治の表舞台を引退した人の隠居所や別荘地だった。

私は以前、嵐電《らんでん》（京福電気鉄道）北野線の東の終点・北野白梅町《きたのはくばいちょう》駅の近く（朱雀大路・一条大路の交差点より少し北西）に住んでいて、時々、西の終点の嵐山に遊びに行ったが、帰りに北野白梅町駅で嵐電を下りると、（季節によるが）体感気温の違いを感じたものだ。嵯峨には、嵯峨天皇の子の源融《みなもとのとおる》の別荘「棲霞観《せいかかん》」を改装した清涼寺《せいりょうじ》があるが、確かに嵯峨の気候なら、それを「清涼寺」と名づけたくなる気持ちがわかる。

嵯峨は本来、隠棲地なので、鄙《ひな》びていることに意味があり、都市化される理由はない。実際、平安時代の嵯峨の絵図を見ると、ほとんど山林と田畠しかない（一一四頁の図8）。しかし、後嵯峨上皇が山荘（離宮）として「亀山殿《かめやまどの》」を築いた時を境に、様相が一変する。

この付近を北西から南東へと、桂川（大堰川）が流れる。その南岸に迫る山を嵐山といい、北岸に迫る山を小倉山《おぐらやま》という。藤原定家が小倉百人一首を選んだという、あの小倉山である。その小倉山の南東の隅、ちょうど今の天龍寺の背後と桂川の間の尾根を、亀山という。その亀山の麓、今の天龍寺《てんりゅうじ》の場所に建てられたのが、亀山殿である。

それは、二〜三年もの工事期間を要して、建長七年（一二五五）に完成した離宮であり、後嵯峨上皇は生涯、頻繁に亀山殿を訪れて遊興や仏事を行った。その広大な敷地内や周辺では急速に開発が進み、浄金剛院《じょうこんごういん》・如来寿院《にょらいじゅいん》・薬草院《やくそういん》などという寺院・薬園や、後嵯峨に仕える僧・女房（女官）たちの住居が林立した。その様子は、鎌倉末期の元徳《げんとく》元年（一三二九）頃の様子を伝える絵図に詳しい（一一五頁の図9）。後嵯峨上皇が死後に「後嵯峨」と諡《おくりな》されたのも、嵯峨（の亀山殿）に隠居所を設け、嵯峨（亀山殿の中の如来寿院）で没するという経歴が、往年の嵯峨上皇と似ていたからである。

後嵯峨法皇の没後、亀山殿は妻の大宮院《おおみやいん》に相続され、後に夫妻の愛子・亀山天皇に受け継がれた。彼が「亀山」と諡されたのも、もちろん亀山殿が彼の生涯を象徴したからだ。

彼は亀山殿に定住しなかったが、頻繁に滞在した。特に、父の命日の毎月一七日には、供養のためにほぼ欠かさず亀山殿を訪ね、彼自身も嘉元《かげん》三年（一三〇五）に亀山殿で没した。

後嵯峨も亀山も、死期が近いと観念すると、亀山殿に移ってその時を待った。亀山殿は、政権所在地（院政の拠点）というよりも、息抜きと仏事を主とし、その合間に（持ち込まれる）政務に対応する場であり、最終的には自分の成仏に備える場所という性質が濃い。

亀山法皇の没後、亀山系の家父長となった後宇多上皇は、亀山殿を父や祖父のように愛用しなかった。亀山法皇が没した翌年の徳治元年（一三〇六）には、亀山殿に付属する如来寿院と薬草院を解体して、大覚寺に移築してしまい、翌年には先に述べた通り、自分も大覚寺に入って僧となり、短期間だけ院政を敷きながら、仏教（真言密教）の修行に邁進《まいしん》して、亡き祖父（後嵯峨）・父（亀山）や息子（後二条）の供養と自分の成仏に専念した。

大覚寺は嵯峨の一部であるから、後宇多が籠《こ》もったのは、もちろん祖父・父以来の亀山殿（嵯峨）との縁による。しかし、亀山殿は全く院御所として使われなくなり、南北朝時代の初期、延元《えんげん》四年（一三三九、北朝の暦応《りゃくおう》二年）に後醍醐天皇が没したのを機に、後醍醐の菩提《ぼだい》を弔うために足利尊氏が寺院に改めて天龍寺となり、今に至る。そのような亀山殿と同様に、大覚寺にも、「大覚寺統」という言葉が連想させる〝亀山系の政権中枢〟という性質が希薄だ。

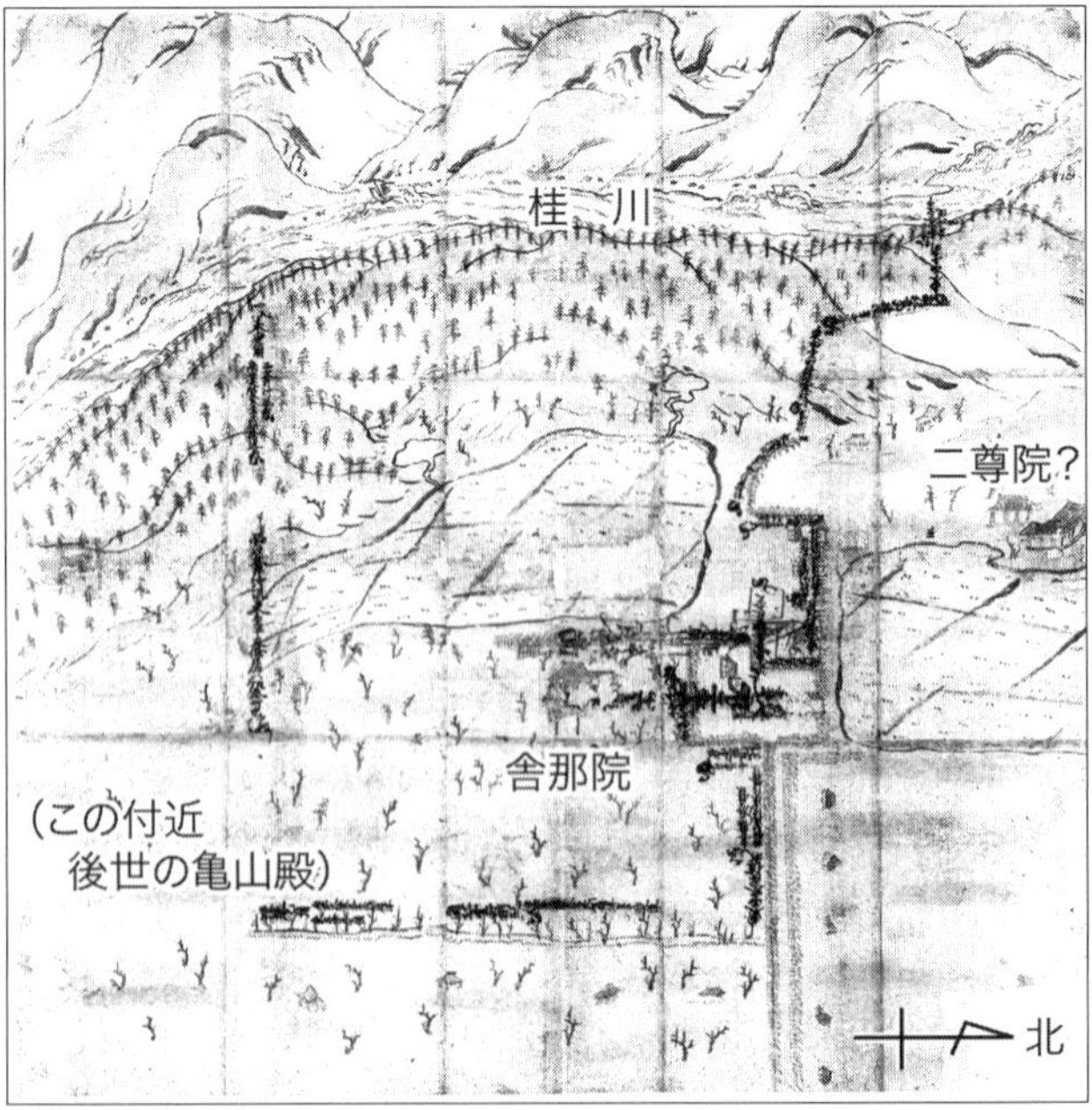

図8　開発前（鎌倉初期）の嵯峨（上が西。天龍寺所蔵『山城国嵯峨舎那院領絵図』）

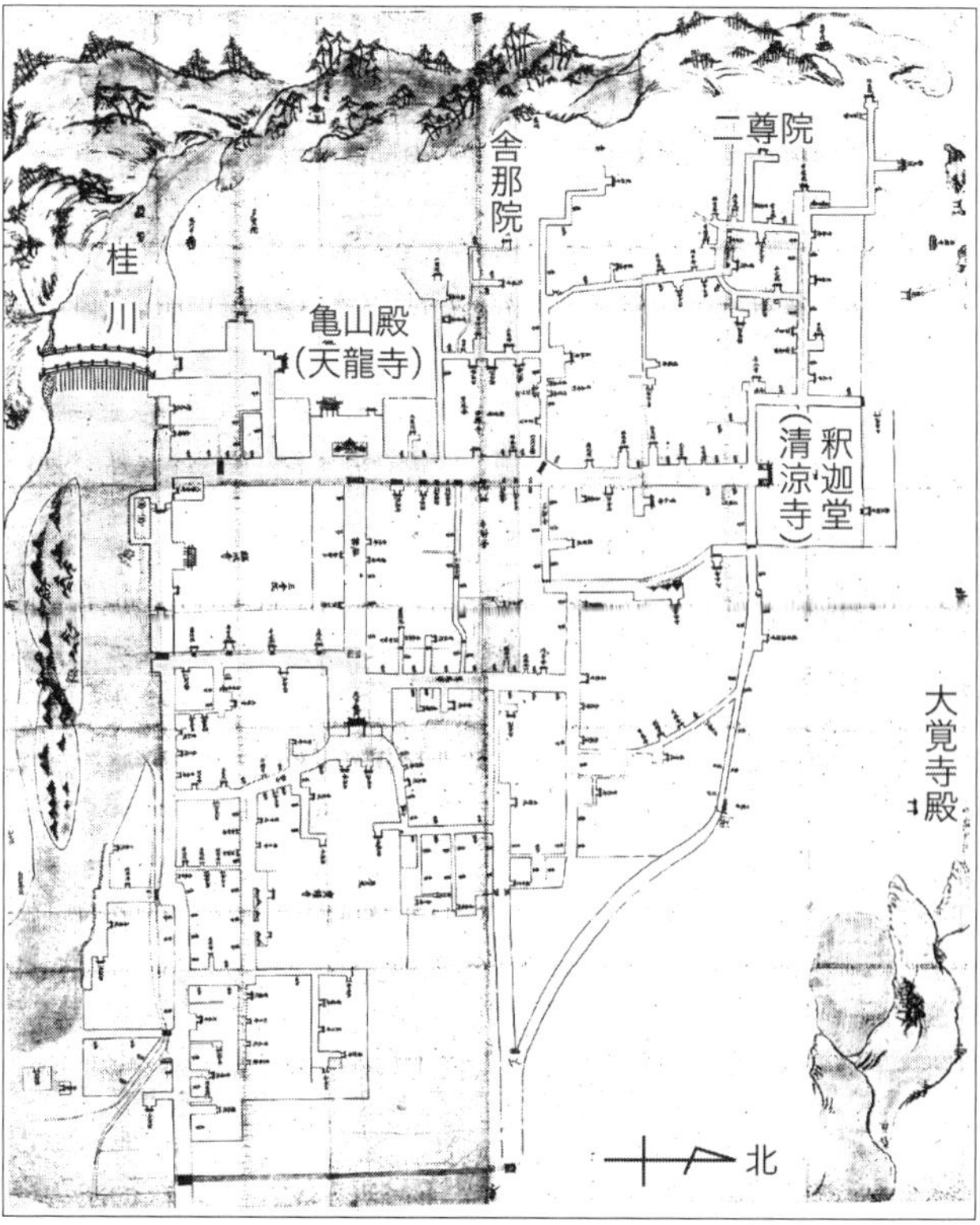

図9　開発後（室町初期）の嵯峨（上が西。天龍寺所蔵『山城国嵯峨諸寺応永鈞明絵図』）

後嵯峨・亀山二代の本拠地「禅林寺殿」

亀山殿や大覚寺殿より政権中枢らしいのは、禅林寺《ぜんりんじ》という寺を院御所に改装した禅林寺殿《ぜんりんじどの》である。禅林寺の創建は古く、平安前期の貞観《じょうがん》五年(八六三)に真紹《しんしょう》という僧が建立して定額寺《じょうがくじ》(国家公認の有力寺院)になった(『三代実録』九月六日条)。その場所は藤原関雄《せきお》という人の「東山家《ひがしやまのいえ》」があった場所で、今の南禅寺《なんぜんじ》のすぐ北だ。今、紅葉の名所として有名な永観堂《えいかんどう》の場所であり、永観堂の正式名称は、実は今でも「禅林寺」である。

その南に隣接する南禅寺は、今も昔も変わらず、押小路の末(延長上)の東の果ての、東山の山麓にある。その前身が禅林寺殿だ。その御所は、後嵯峨院の妻・大宮院のために新造され、文永《ぶんえい》元年(一二六四)に完成して彼女が入居し、すぐに後嵯峨自身も入居した。後嵯峨上皇は生前、主に禅林寺殿を院政の拠点とし、その死後は亀山上皇が相続して、同じく院政の拠点とした。正応《しょうおう》二年(一二八九)に亀山が出家した場所も、禅林寺だった。

出家の三年前の弘安九年(一二八六)、かつて後堀河天皇の皇后だった安喜門院《あんきもんいん》(三条公房《きんふさ》の娘有子《ありこ》)が没した時、亀山は彼女の冥福のために仏堂を建て、場所が禅林寺殿の南なので「南禅院《なんぜんいん》」と名づけた。これが南禅寺の前身である。亀山は五年後の正応四年にこれを本格的な寺院に整備する方針を固め、二年後の永仁元年(一二九三)に完成して、「南禅寺」と名づけた(『帝王編年記』)。南禅寺はそのまま現代まで残ったが、禅林寺殿は亀山法皇が没すると、後宇多が大覚寺に籠もってしまったため、亀山殿と同じく使われなくなって廃絶した（禅林寺という寺は、先に述べた通り存続し、今も永観堂として残る）。

〝衛星都市〟型と〝京域癒着〟型で進んだ京郊開発

以上に見た通り、鎌倉時代の上皇は、京都郊外の大規模な開発を行い、京都のあり方を変えていった。特に、亀山殿の創建に伴う嵯峨の開発は、田舎の農村・原野を都市域に一変させる大変革だった。

鴨川の東の、東山山麓の禅林寺殿の造営と合わせて、亀山系は、京都から少し離れた、東と西の風光明媚な山麓地帯の新規開発を進めた点に、大きな特色がある。後嵯峨と亀山系の上皇たちは、それら京外と京中の御所を自在に行き来した。いわば、片方の足で京中を、もう片方の足で京外を踏みしめ、その二本足で立っていた。

彼らにとっては、その双方が合わさって一つの権力の拠点である。拠点を京都（平安京）という〝点〟として考えるのではなく、〈京都＋近郊〉全体の〝面〟として考えたのだ。現代にたとえれば、皇居南側の狭い一点（永田町《ながたちょう》・霞《かすみ》が関界隈《せき》）に首都機能を集中させるやり方とは違い、〝首都圏〟全体に首都機能を持たせるようなものだ。

それは、白河法皇以来の、院政の基本的なあり方の延長上にあった。かつて、白河法皇や鳥羽《とば》法皇は白河・鳥羽を、後白河法皇は白河の南方（現在の三十三間堂《さんじゅうさんげんどう》の付近）を新規開発して都市域に変貌させ、京中の御所と併用した（詳しくは前著『「京都」の誕生』を参照されたい）。後嵯峨上皇はそれを、手つかずだった嵯峨で模倣したのである。

白河地域は、鴨川を挟みつつも都市域として京と連続するが、鳥羽や嵯峨は違う。それらは京から少しだけ離れた小都市で、京との間は空白地帯（農村地帯）であり、京とは数本の道でつながっているだけだ。その京と鳥羽・嵯峨の関係は、離れているが切っても切れない一体的関係にある。まるで地球と月（惑星とその衛星）を連想させるので、京中を惑星に見立てて、鳥羽や嵯峨を〝衛星都市〟と呼ぶ専門家もいる（山田邦和―二〇〇五）。

ところが、そうした院政的な都市開発の典型と、違う発展パターンを歩んだケースがある。後深草系の本拠地となった、持明院殿《じみょういんどの》を中心とする都市開発である。それは、鳥羽や嵯峨のような単なる郊外の開発ではなかった。鳥羽・嵯峨のように京から隔絶せず、都市域が北へと滲《にじ》み出るように肥大化する京と接触し、癒着して一体化したのだ。

そのプロセスは、今の京都のベースとなる〝平安京の拡張〟と緊密に絡み合っているので、やや複雑で、語るべきことも多い。さらにマニアックになってゆくが、章を改めてそれを述べよう。

第七章　持明院殿がもたらす京都の北方拡張

持明院家と安楽光院

後深草系の本拠地が、長らく富小路殿だったことは、前章で述べた通りである。しかし、その富小路殿は嘉元《かげん》四年（一三〇六）に焼失した。それ自体はよくあることだが、重要なのは、再建の話が出なかったことだ。

なぜ本拠地を再建しないのか。それは、後深草系が持明院殿という別の拠点を入手しており、そちらに本拠地を移せばこと足りたからである。後深草系が「持明院統」の名にふさわしく持明院殿を本拠地としたのは、実はこの嘉元四年からであって、それは鎌倉時代が終わるわずか二七年前のことだった。

持明院殿の歴史は古い。摂関家の庶流で、藤原道長の曾孫にあたる藤原基頼《もとより》という人の自宅が、その原型である。それは、室町小路に沿って、一条大路より四町（約四八〇m）も北上した地点、つまり平安京の外にあった（一〇二頁の図7）。基頼は、その自宅の一郭に持仏堂《じぶつどう》を設けた。持仏堂は、個人が仏像を安置するための仏堂で、寺院ではない(住職がいない)が、私的な仏教施設だ。基頼はその持仏堂を「持明院」と名づけた。

基頼の子の通基《みちもと》は、持明院を拡張整備し、「安楽光院《あんらくこういん》」と名づけて、鳥羽法皇の御願寺《ごがんじ》(個人的に帰依する寺院)に指定された(『殿暦』天永元年一二月二八日条)。安楽光院は廃絶したが、京都御所のすぐ北西の、京都市上京区《かみぎょうく》の安楽小路町《あんらくこうじちょう》に名をとどめている。

後に、「これを境に持明院が安楽光院と改名された」といわれたが(『尊卑分脈』藤原基頼―安楽光院事、『宣胤卿記』永正一五年六月二四日条、七月一七日条)、どうも実際の記録と嚙《か》み合わない。半世紀以上後の安元《あんげん》三年(一一七七)、天台座主の明雲《みょううん》という僧が、「持明院」という寺を支配していた証拠がある(『玉葉』五月一一日条)。安楽光院の成立後も、「持明院」という名の仏教施設はまだ存在した、ということだ。

園城寺《おんじょうじ》を「三井寺《みいでら》」と呼んだり、広隆寺《こうりゅうじ》を「蜂岡寺《はちおかでら》」と呼ぶなど、一つの寺院に複数の名があるのは珍しくはない。しかし、その場合は、〈中国風の正式名+和風の通称〉となるのであり、中国風の正式名を二つ持つことはない。「安楽光院」も「持明院」も明らかに中国風の正式名なので、それぞれ別の仏教施設として存続していたと思われる。

安楽光院を創建した藤原通基の子の基家《もといえ》の邸宅を、「基家卿《きょう》の持明院亭《てい》」と呼んだ記録がある(『吉記』寿永二年一二月一三日条)。個人の邸宅が「持明院」と呼ばれるのは、邸内にその名前の持仏堂が存続していたからだろう。安楽光院は、鳥羽法皇の御願寺となった以上、もはや国家の施設であり、個人の持仏堂ではあり得ない。藤原通基にとって、自分の持仏堂が国家の御願寺に格上げされるのは名誉だが、それによって自分の持仏堂がなくなってしまっては困るはずだ。安楽光院は、持明院という持仏堂の周囲に整備・拡張された仏教施設群を、持明院から切り離して一寺院として独立させたもので、通基の邸宅には依然として小規模な持仏堂「持明院」が残った、と考えるのが自然である。

「基家卿の持明院亭」といわれた藤原基家は、この邸宅名を自分の「称号」に使った。称号とは、同じ位・官職にある廷臣を区別するための通称で、原則として自分で決めた。基家は、三位《さんみ》に昇った時に「持明院三位」、参議に就任した時に「持明院宰相《さいしょう》(参議のこと)」と名乗った(『山槐記』治承二年正月八日条、『達幸故実抄』文治四年正月二七日条)。彼の子の基宗《もとむね》も「持明院三位」と名乗り(『三長記』建久七年一一月五日条)、その弟の保家《やすいえ》も「持明院少将《しょうしょう》」「持明院宰相」などと呼ばれた(『明月記』建久九年正月一一日条、『三長記』建永元年八月一〇日条)。以後、この家は「持明院」の称号を世襲する「持明院家」となる。

後堀河系と後深草系の院政の拠点「持明院殿」

その持明院家は、思わぬめぐり合わせで天皇の外戚になった。持明院基家の娘の陳子《のぶこ》

（北白河院《きたしらかわいん》）は、高倉天皇の皇子の守貞親王に嫁ぎ、茂仁《ゆたひと》《しげひと》王を産んでいた。茂仁はそのまま、〝その他大勢〟の皇族として歴史に埋もれてゆくはずだった。ところが、承久の乱で後鳥羽上皇の系統が一掃された結果、幕府の希望で、茂仁に皇位が回ってきて、後堀河天皇となった。こうして持明院基家は、図らずも天皇の外戚となったのである。

守貞親王（後高倉院《ごたかくらいん》）は「持明院宮《じみょういんのみや》」と呼ばれ、遅くとも建仁《けんにん》三年（一二〇三）から没する貞応《じょうおう》二年（一二二三）までの二〇年以上、舅《しゅうと》の基家の持明院に住んだ（『明月記』建仁三年正月九日条、建暦二年四月八日条、『吾妻鏡』貞応二年五月一八日条）。息子の後堀河天皇も、承《じょう》久《きゅう》三年（一二二一）に践祚して閑院内裏に移るまで、父と持明院で同居していた（『吾妻鏡』七月九日条）。後深草系にとっての富小路殿と同様に、後高倉系（守貞の子孫）の天皇・院にとって、持明院（殿）は〝住み慣れた母方の実家〟であり、それが後に、後深草系の本拠地となる原点になる。

後高倉系の天皇は、後堀河・四条親子が若くして没したことで断絶した。そのため、後高倉系の〝実家〟だった持明院殿は、後高倉系で残された女性に、後高倉一家の家産として伝領されてゆく。後堀河の母の北白河院（持明院陳子）は長命で、暦仁《りゃくにん》元年（一二三八）に六六歳で没した。それまで、彼女は実家の持明院殿に住み続けたようだ。そして彼女の死後、持明院殿は孫娘（後堀河の娘）の室町院《むろまちいん》（暉子《きし》内親王）に相続された。彼女も長命で七三歳まで生き、正安《しょうあん》二年(一三〇〇)に没するまで持明院殿に住んだ。実は彼女自身が、母を持明院一族(持明院家行《いえゆき》の娘)に持っていて、持明院殿に住むのは自然なことだった。

当時の皇女には生涯未婚で子を残さない人が多く、彼女たちは多くの皇室領を相続して、没すると別の皇族女性に相続させていった。室町院は、そうした女性たちから膨大な所領を相続して、「室町院領《むろまちいんりょう》」という巨大な所領群を保有していた。

その室町院領は、彼女が没した時、熾烈な抗争中だった後深草系と亀山系の争奪の対象になった。結局、幕府の仲裁によって室町院領は二分割されたが、そこで後深草系が継承した分に、持明院殿が含まれていた。室町院の死去から二年後の正安四年、伏見上皇が持明院殿に入って院政の拠点としたのは、そうした経緯による。そして、この時こそ、持明院殿が後深草系の院政の拠点になった瞬間だった。

さらに四年後の嘉元四年(一三〇六)、後深草系の本拠地として後伏見上皇が住んでいた富小路殿が焼失すると、後伏見も持明院殿に入り、伏見上皇と同居した。これで、持明院殿が、後深草系の本拠地として確立したことになる。

都市化する院御所「持明院殿」の周辺

では、持明院殿を院政の重要拠点へと押し上げた歴史は、鎌倉時代の京都をどう造り替えることになったのか。何より重要なのは、そこが〝京都至近の京外〟だったことだ。

本来、五位以上の廷臣、いわゆる〝貴族〟は、京中に住む義務を負った(旧著『平安京はいらなかった』)。それは、〈天皇の臣である〉ことの物理的な証明だった。したがって、京外に邸宅を建てて住むことは、現役引退を意味する。京外の持明院殿も、持仏堂(仏道の修行・供養の場)という最初の存在目的から見ても、本来は隠居所か別荘だったはずだ。

一廷臣の隠居所にすぎない持明院殿の、本来の規模はたかが知れている。しかし、後高倉院・後堀河院の院政の拠点になった時、そこは廷臣の隠居所から、政府中枢の所在地になった。当然、それ相応の規模に造り替えるべきだし、周囲に近臣が集住するべきで、持明院殿の周囲を都市域へと開発してゆく動機が生まれた。特に、嘉禄《かろく》二年(一二二六)に北白河院(後堀河の母・陳子)の御所として新築された時に、大規模に拡張されたらしい。

その証拠は、その新築を機に現れる「惣門《そうもん》」だ。「惣」は「総」と同じ意味(異体字)で、惣門とは〝総《すべ》ての出入口となる門〟である。通常、邸宅の区画は四方を塀で区切り、その塀に門があって外部と出入りする。その区画を複数集めた、全体を囲む大がかりな塀の門が、惣門である。

惣門は、内部に複数の区画を抱え込む大区画があった証だ。院御所としての狭義の持明院殿と、寺院としての安楽光院が相互に独立を保ちつつ、それらをまとめて広義の「持明院殿」として囲む境界線があり、その出入口が惣門だったということになる。惣門を持つ持明院殿は、それ自体が一つの、小さくて独立した都市域だと見なしてよい。

その持明院殿は、東西・南北ともに一・五町か、それ以上あった。それは、京中で最大だった閑院内裏より広く、院政期以降の邸宅としては最大規模だ。その大きさも、一辺の長さに〇・五町ほどの端数があることも、平安京外だったメリットを活かしたものである。

院御所に通じる街路は、京中の街路と継目なく接続《シームレスに》している必要がある。院の外出や、天皇が持明院殿を訪ねる朝覲行幸《ちょうきんぎょうこう》(天皇が父母のご機嫌伺《うかが》いに参上する儀礼)などで、街路を通る儀礼的行列を、首尾一貫して行えるようにするためだ。持明院殿の場合は、室町小路を京外(一条大路より北)へ延伸して、持明院殿の南東の角で接することで、それを実現していた。京中から室町小路を北上すれば、そのまま持明院殿の惣門に入れた。

持明院殿は、一条大路(京の北端)から四町(約四八〇m)も北にある。そして、室町小路だけで京中(平安京域)と接続していた。その点では、短距離ではあるものの、鳥羽や亀山殿と本質的に同じだった。しかし、その京との距離の近さが、最終形を鳥羽や亀山殿とは決定的に違うものにした。京の側から、じわじわと北へ都市域が拡大してゆき、最終的に持明院殿とつながり、物理的に一つの都市域として融合したのである。

京の膨張と街路新設①——消滅する無差小路と生き残る北小路

平安京はそもそも、北に拡張する指向性を持っていた(旧著『平安京はいらなかった』)。私たちが知る一条大路(今の一条通)は、実は平安京の造営当初の一条大路を北に二町移動させたもので、本来は二町南の土御門大路(今の上長者町通《かみちょうじゃまちどおり》)が一条大路だった、という有力な説がある(瀧浪貞子―一九八四)。巨大な倉庫群の敷地を確保するため、大内裏を北方向へ二町拡大させ、それに合わせて京域も広げた結果であるらしい。

それでなくとも平安京では、左京《さきょう》(平安京の東半分)の北側(四条大路より北)に住宅が集中し、平安時代の中頃までに飽和していた。右京《うきょう》(平安京の西半分)や南側は低湿地で水はけが悪く、住むのに適さないため不人気で、そちらへは拡張できない。そこで勢い、拡張は北と東へ向かうことになる。

拡張はまず東へ向かい、京の東限の京極大路より東に、大寺院や大邸宅が建てられた。しかし、京のすぐ東に鴨川が流れているため、拡張できる幅は一町が限界だった。そこで、次に北への拡張が始まる。北は広い野原・田園で、居住を妨げる湿地も川もないので、比較的自由に拡張できた。都市域は一条大路から時間をかけてじわじわと拡張され、それに応じて街路が新設された。その街路は、平安京の規格を守って一町間隔で設けられたので、建前上は京外でも、物理的な使い勝手としては、京が拡大したのと同じになった。

まず、一条大路の北に一町を隔てて「武者小路《むしゃのこうじ》」が新設され、その北に一町を隔てて「北小路《きたのこうじ》」が新設された。武者小路は今でも武者小路通《どおり》として健在だが、北小路の残り方は変則的で、衣棚通《ころもだなどおり》との交差点より東では今の今出川通《いまでがわどおり》、西では中筋通《なかすじどおり》にあたる（今出川通が何度も屈曲しているため）。

実は古くから、「武者小路」と発音が（ほぼ、もしくは完全に）同じ「無差小路《むさのこうじ》（武差小路）」という南北の道が右京にあり、また平安京南部の七条《しちじょう》大路の一町北に「北小路」という東西の道があった。それらと同じ名が新たな街路につけられたのは、混乱する心配がない、つまり古い無差小路や北小路が、誰からも話題にされないほど廃《すた》れていた証拠である。特に、右京の無差小路は完全に消滅し、中世の記録でその名を記すものは見かけない。

ただ、平安京南部では開発が進んだため、古い「北小路」は生き残った。そこで、二つの「北小路」を区別するため、南部の古い方を「下《しも》北小路」、北部の新しい方を「上《かみ》北小路」と呼ぶことがあった。もっとも、左京北部がひたすら繁栄したのと対照的に、南部は〝住みたければ住める〟程度の住宅街にとどまったため、鎌倉時代以降、ただ「北小路」といえば北部の新しい方を指し、わざわざ「上北小路」と呼ぶことはほとんどなかった。

保元の乱の五年前の仁平《にんぴょう》元年（一一五一）に「一条の北小路高倉」で火災があり、翌仁平二年に「一条の北の武者小路万里小路《までのこうじ》」で火災があった（『本朝世紀』仁平元年一〇月二六日条、同二年五月一二日条)。遅くとも平安末期の一二世紀半ばまでに、武者小路・北小路が新設され、それに合わせて南北方向の高倉小路(京極大路の三町西)や万里小路(その一町東)もそこまで延伸され、記録に残る火災が起こるほど、人家が密集していた証拠である。

京の膨張と街路新設②——区画整理目的で設けられた今小路

さらに、北小路の一町北には「今小路《いまこうじ》」が設けられた。今の(衣棚通より西、七本松通《しちほんまつどおり》より東の区間の)今出川通にあたる。平安京の北郊は、南から北へ向けて開発が進んだので、今小路の登場は、武者小路や北小路より遅い。しかし、鎌倉初期の貞応元年(一二二二)に、後高倉院が娘の安嘉門院《あんかもんいん》(後堀河の姉)に譲り与えた所領の中に、「一条今小路《いまこうじ》の北、室町の東」の土地が見える(『鎌倉遺文』三〇九五)。それまでに今小路が開設され、そこまで室町小路が延伸されていた証拠である(奇《く》しくもこの土地は、一世紀半ほど後に、足利義満《よしみつ》の花御所が築かれる場所である)。

今小路から一町北に持明院殿があるので、室町小路はこの前年の、持明院殿が後高倉院の院政の拠点になった時までに、持明院殿に届くよう整備されたはずだ。その時に今小路も開設されたのだろう。

武者小路や北小路は、左京を北へ拡張したいという社会的要請によって、平安時代末までに自然発生的に開設・整備されたと思われるが、今小路はそうではなく、恐らく鎌倉初期の持明院殿の整備に伴って、機械的に設けられた。その証拠に、武者小路・北小路は左京全域と同じ幅（東の京極から西の朱雀まで）を東西に貫いたのに対して、今小路は、左京の東半分の一部、東は万里小路から西は持明院西大路《にしおおじ》（持明院殿の西辺）までしか存在した形跡がない。持明院殿の南方を、京中と同じ〝碁盤の目〟に区画整理するためだけに設けられた道だからだろう。

「今小路」という名もその証左だ。京都では、〝新たな○○〟を「イマ○○」と呼ぶ。たとえば、紀伊の熊野社や近江の日吉《ひえ》社を勧請《かんじょう》（招待）して白河に新設した神社を、新熊野《いまぐまの》神社・新日吉《いまひえ》神社と呼ぶように。「今小路」も、〝新たな小路〟という意味の普通名詞を、安直にそのまま小路名にしたものだ。それは、固有名詞をつけるにふさわしい由緒も動機もなく、適当に名づけただけ、つまり適当に造られただけの小路だったことを意味する。

持明院殿が京の規格から外れた理由

最も重要な新設の街路は、今小路の一町北の「持明院大路《おおじ》」である。それより南の武者小路・北小路・今小路はすべて小路だったが、この道は大路として造られた。持明院殿の惣門が面する、この地域のメインストリートであるべき道だからだ（一〇二頁の図7）。

この道には異称が多く、「毘沙門堂大路《びしゃもんどうおおじ》」とも「柳原大路《やなぎはら》」ともいう。南北朝時代の初期に持明院殿が廃れてからは、むしろこの二つの名で呼ばれた。「毘沙門堂大路」と呼ぶのは、この道のほぼ東端、富小路との交差点の北東に、毘沙門堂という古い門跡《もんぜき》寺院（貴人が住職となる寺。時々、延暦寺の長である天台座主を輩出した）があったことによる。

また「柳原大路」と呼ぶのは、室町小路との交差点付近、まさに持明院殿がある場所の東あたりにあった、「柳原」という野原に由来する（柳が自生するか植林された群生地だろう）。鎌倉前期の仁治《にんじ》二年（一二四一）に「柳原中将基平《もとひら》」と名乗る廷臣が記録に現れるので（『百練抄』一一月二二日条）、この頃までに「柳原」という地名が生まれ、廷臣が住むようになっていたことが確実だ。

以上のように、持明院殿の東と南の街路は、京の〝碁盤の目〟規格に従っていた。しかし、持明院殿の区画は、東西・南北とも約一・五町で、京の規格を無視していた。そして東と南を規格に合わせた結果、北と西の街路が規格から外れた。その方角が原野であって市街地でなく、市街地化される予定もないので、京の規格を守る必要がなかったのだろう。

持明院殿の北側には「北大路《きたおおじ》」、西側には「西大路《にしおおじ》」という大路が開かれた。今の北大路通《どおり》や西大路通は、京都市街地の外周を取り囲む幹線道路だが、中世の北大路や西大路の場所は全く違い、「持明院北大路」「持明院西大路」とも呼ばれて、持明院殿の外周を取り囲む道として開かれた。これらは、持明院殿の周囲に住む人々が、持明院殿と往来したり、室町小路に出て京へ行ったりするためだけに開かれた街路だった。

晴《はれ》の行事では、持明院殿と京中との往来には、原則として、室町小路しか使わなかった。いい換えれば、室町小路はその接続のためだけに、一条大路より北へ延伸された。その接続さえきちんとしていれば、ほかの街路を持明院殿まで延伸する理由はない。そのため、室町小路の西隣の町小路も、その西隣の西洞院《にしのとうゐん》大路も、北小路までしか延伸された形跡がない。一方、それらと位置的に噛み合わない（〇・五町ほどずれている）西大路《にしのとい》も、持明院大路より南に延びていた形跡がない。持明院殿は、あくまでも従来の院政の拠点と同様に、一本の道（室町小路）だけで京中とつながっていればよい、孤立した拠点だった。

ただし、そのこととは全く別個に、平安京側から都市域が拡張して持明院殿と融合した。たまたま持明院殿の真南に邸宅を持っていた西園寺家が、権力の拡大とともに邸宅を北へ北へと拡張していったのである。それは西園寺家の栄華という別の話になるが、『室町の覇者 足利義満』という本で、足利将軍家の象徴「花御所」との関係を軸にして少し詳しく述べてあるので（七四頁以下）、興味を抱かれたら参照されたい。

第八章　滅亡寸前の日本国再建と根本内裏の復活

両統から放棄される「富小路殿」

後深草系が持明院殿を獲得する四年前の永仁《えいにん》五年（一二九七）、後深草系の本拠地・富小《とみのこ》路殿《うじどの》は火事で損壊してしまい、再建を待つ間、伏見天皇は南隣の二条富小路殿《にじょうとみのこうじどの》で仮住まいを余儀なくされた。富小路殿は修築されたが、翌永仁六年に伏見から皇位を譲られた息子の後伏見天皇は、富小路殿で践祚だけ行い、普段は二条富小路殿に仮住まいした。富小路殿を伏見上皇の院政の拠点として取られたからであり、院政のために天皇が割を食ったのである。

三年後の正安《しょうあん》三年（一三〇一）、後伏見は譲位して上皇となり、富小路殿に入って父の伏見上皇と同居した。翌年に持明院殿を入手するまで、後深草系の上皇が富小路殿を占有し、天皇が使えない状況は変わらなかった。ところが、この問題は意外な形で先送りされ、解決する必要がなくなった。後伏見の譲位は、後宇多の息子・後二条に皇位を譲ることを余儀なくされた結果であり、天皇が亀山系になった以上、富小路殿は内裏として必要とされなくなったのである（後二条は二条高倉殿に住んだ）。

翌正安四年、持明院殿を入手した伏見上皇はそこへ移り、富小路殿には後伏見上皇が残った。しかし、その四年後の嘉元《かげん》四年（一三〇六）、富小路殿が全焼して後伏見は焼け出され、持明院殿に移って再び伏見と同居した。この段階で、後深草系の院御所としても、（いずれ取り戻すべき）院政の拠点としても、富小路殿は持明院殿にお株を奪われ、不要になっていた。また、亀山系の上皇や天皇にとって、富小路殿に用はない。かくして、富小路殿は誰からも必要とされなくなり、焼失したまま放置された。

ところが、徳治《とくじ》三年（一三〇八）に後二条天皇が二四歳という若さで没したため、皇太子だった伏見の子・花園天皇が立ち、また後深草系の時代になった。予定より早く皇位に就いた花園は、践祚の儀式を土御門殿《つちみかどどの》という邸宅で行った。この土御門殿こそ、後の京都御所となる極めて重要な邸宅なのだが、まだこの段階では歴史の主役にならない。

践祚を済ませた花園は、本内裏として二条富小路殿を皇居に用いた。二条富小路殿は、すでに父の伏見、兄の後伏見の二代にわたって、不本意な仮住まいにもかかわらず、結果的に〝後深草系の内裏〟として定着していた。そこで花園も、半ば惰性的に踏襲したのである。

鎌倉幕府からの〝ご祝儀〟としての根本内裏の再建

花園の皇位継承から五年目の正和《しょうわ》元年(一三一二)、新たな展開が訪れる。往年の閑院内裏のような根本内裏を造ろう、という話が起こったのだ。正元《しょうげん》元年(一二五九)に焼失して以来、実に五三年間も、閑院内裏は再建されなかった。幕府に余裕がなかったからだ。

ところが、今になって幕府が、内裏造営の費用を出すといい始めた。文保《ぶんぽう》元年(一三一七)にその新たな内裏に入った時、花園は「七~八年もかけてまだ未完成だ」とぼやいている(『花園天皇宸記』四月一九日条)。その七~八年前は延慶《えんぎょう》二~三年(一三〇九~一〇)である。その二年間で、幕府にそれほどの大事業を決意させる大きな出来事は、一つしかない。延慶二年正月、得宗の北条貞時《さだとき》の子高時《たかとき》が、七歳で元服《げんぷく》(成人)したことである。

当時、北条貞時は放逸な隠退生活に溺《おぼ》れていた。原因は嘉元《かげん》の乱だった。四年前の嘉元三年(一三〇五)、貞時の従兄弟の北条宗方《むねかた》が、貞時の命令だといって庶流の有力者・北条時村《ときむら》を滅ぼしたが、本当は宗方の独断専行だったと発覚し、宗方まで討たれた事件である。真相は不明だが、実は貞時が独裁者となるために時村を殺させたものの、世論の反発に怯《ひる》み、責任を宗方に押しつけて逃げたという説もある(細川重男-一九九一)。

いずれにせよ、この事件で股肱《ここう》の宗方を失い、幕閣も有力者の時村を失って傾き、貞時は政治を投げ出した。幕府は、御内人《みうちびと》(得宗家の姻戚や家臣)の長崎円喜《ながさきえんき》(盛宗《もりむね》)と安達時顕《あだちときあき》が、乏しい北条氏庶流の人材を協力させて辛うじて回す、という状況にまで追い詰められた。

その中で提案された内裏再建は、この政権の主導者・長崎円喜の発案だろう。嘉元の乱に至るまで、得宗家が何度も対立者を粛清してきた結果、当時の幕府は極度の人材不足に陥っていた。肝心の高時も、後に「頗《すこぶ》る亡気《ぼうき》（心神喪失して正気でない）」と酷評されたが（『保暦間記』）、当時は七歳なので、まだ十分に希望を持てただろう。長崎政権には、幕府の維持に専念して高時の成長を待つ以外、術がなかった。高時の元服はその門出《かどで》であり、内裏再建は、それに伴う一種のご祝儀として企画された可能性が高い。

ただ、それから何もないまま時が過ぎ、ようやく三年後の応長《おうちょう》二年（一三一二）に幕府が申し出てきたのは、「財源として所領を数ヶ所提供する」という程度の話だった。かつて源氏将軍の頃には、幕府は知行国の税収を丸ごと投じ、執権政治の頃には、御家人全体の数百は下らない所領に割りあてられたものだ（五二頁、九〇頁）。その規模の仕事の財源がたった数ヶ所の所領では、終わりが見えない。そして、その程度の財源を捻《ひね》り出すだけのことに、幕府は三年もかかったのである。幕府の窮乏は、少しも改善していなかった。

それでも長崎政権がそうして本腰を入れ始めたのは、やはり北条高時の門出と関係があるだろう。前年の冬に北条貞時は死去し、高時が相続していた。元服の時に門出の祝儀として提案された内裏造営は、家督相続という本格的な門出を機に、本格始動したのだろう。

長崎政権がこの〝ご祝儀内裏〟にこだわった背景には、強い動機がありそうだ。貞時は政治を投げ出していたが、説得を重ねれば、政治に復帰した可能性がゼロではない。ところが、一〇歳の高時にはそれが期待できない。得宗家はいよいよ空洞化した。当時、幕府の運営は得宗家が丸抱えしていたから、得宗家の崩壊は幕府の崩壊に直結する。朝廷も、財政上はもちろん、両統迭立が破局を迎えないためにも、幕府の支援と介入なくして運営不可能だった。つまり、得宗家崩壊の危機は、日本国全体の崩壊の危機なのだった。

延慶四年に相次ぐ日本滅亡の前兆

この頃、日本には本当に滅亡の兆《きざ》しが多数現れ、絶望感に満ちていた。〝ご祝儀内裏〟が提案された前年の延慶四年(一三一一)は、特にひどい年だった。正月には、皇居の二条富小路殿で、踏歌節会《とうかのせちえ》という年始の恒例行事の最中に、見物人の男が滝口武士《たきぐちのぶし》(天皇の親衛隊)を殺害し、警備の武士に殺された。女をめぐる口論の末だという。

しかも、男の仲間が自暴自棄になって紫宸殿《ししいでん》に上がり込み、朝廷の下級職員を手当たり次第に殺してから、揃《そろ》って自殺した。紫宸殿は、皇位を象徴する高御座《たかみくら》が置かれた正殿で、内裏の最も重要な建物だ。そこを彼らは血の海にしたのである(『続史愚抄』『花園天皇宸記』

正月一六日条)。これは、一一年前の正応《しょうおう》三年(一二九〇)の事件を彷彿《ほうふつ》とさせた。伏見天皇を殺そうとして浅原為頼《あさはらためより》という武士が内裏に侵入し、追い詰められて清涼殿《せいりょうでん》(天皇の住居)で自害した事件である。これが鎌倉後期の内裏の実態だった。

延慶四年に話を戻すと、三月半ばには、持明院殿で行われた仏事で、またしても見物人と門番が闘乱する事件があった(『続史愚抄』三月一六日条)。さらに同じ三月半ばから五月半ばにかけて、京都を中心に「三日病《みっかやまい》」という疫病が大流行した(『続史愚抄』三月二九日条)。「三日病」の名は、発症から三日で死に至ることから命名されたと見てよい。その流行り方と死亡までの早さは、約四〇年後にヨーロッパの人口を激減させたペスト(黒死病)と瓜二つだ。四月、この疫病を攘《はら》うため、応長《おうちょう》元年と改元された(当時、改元には、時を一新して災いを攘う効果が期待されていた)。

しかし、改元の甲斐もなく、災いは続く。九月には幕府で、長崎円喜たちの政権で執権職にあった北条師時《もろとき》(貞時の従兄弟)が急病で死去し、鳥羽にあった皇室の宝蔵が盗賊に襲われた(『続史愚抄』九月二二日条、二三日条)。一〇月には得宗の北条貞時が死去し、一二月には伊勢神宮の外宮《げくう》が鳴動する超常現象が起こった(『続史愚抄』応長元年一二月二八日条)。

応長二年に東国を襲った〝血の海〟事件

幕府が京都に使者を送り、内裏再建の費用として数ヶ所の所領を献上すると朝廷に申し出たのは、年が明けて応長二年(一三一二)の三月のことだ(『花園天皇宸記』三月一三日条)。長崎政権は、執権と得宗が相次いで病死した事態に、焦っていたに違いない。そして疫病の大流行や伊勢神宮の怪異など、世界は明らかに、終末に向けて牙を剝《む》き始めていた。

朝廷は、改元や祈禱《きとう》という安易な解決策だけ、熱心に行った。〈信じる者は救われる〉と信じる以外に、自分たちに何ができようか、という開き直りであり、朝廷は統治者としての能力を完全に失っていた。幕府にはまだ、現実的な解決を目指す力と意思があったが、長崎政権が選んだのは、崩壊寸前のこの国を形から直すことであり、それが内裏の再建だったようだ。

特に、内裏が破落戸《ごろつき》に蹂躙《じゅうりん》され、血の海にされた事件は、その選択を促す最大の引き金となったに違いない。血と死の穢《けが》れに満ちた内裏は、天皇が仮住まいを強いられ続けた情けない日々とともに捨て去り、新品無垢の内裏をこしらえてまともな朝廷として再出発する。それこそ何より重要な国家再建の第一歩だ、と考えられたのだろう。

ところが、財源不足と人材不足で作業が進まないうちに、世情はさらに荒れた。内裏再建の費用提供が朝廷に伝えられた数日後の三月半ば、奈良の春日社で羽蟻《はあり》が大量発生した。これは不吉な前兆の天変地異と見なされ、数日後にまた正和《しょうわ》元年と改元された（『続史愚抄』三月一六日条、二〇日条）。しかし、もちろん効果はなかった。

四月には、関東も禍々《まがまが》しい怪異に襲われた。駿河湾から相模湾・東京湾にかけて、海水が血の赤に変色したのだ。ある僧が海水を汲んでみたら、小さな固体が沈殿したという。赤潮（プランクトンの異常繁殖）なのだろうが、そんな知識がない当時には、気色悪い怪奇現象でしかない。僧が赤い海水を持ち帰ると、友人は「国家の災」が迫っているのではないか、と恐れた（『済北集』）。翌五月、京都では賀茂川が洪水を起こし、西園寺家の今出川殿《いまでがわどの》という邸宅の門を押し流し、京都の多数の人を溺死させた（『続史愚抄』五月二三日条）。

根本内裏の復活と諦められた閑院内裏再建

内裏再建の具体的な審議が始まったのは、その翌月である。「中御門烏丸《なかのみかどからすまろ》の民家を立ち退かせて全く新たに内裏を造ろう」という案で固まりかけたが、「民家を破壊すれば民の憂《うれ》いになるし、かつて何代もの天皇が使って快適だった閑院をあえて捨て置く理由はない」という結論に達し、閑院内裏を再建することになった（『師守記』貞治四年六月五日条）。

とはいえ、弱体化した御家人たちに、内裏再建の費用は負担できない。また、弱体化しつつあった得宗家だけで進めるのも無理だ。再建事業は遅れに遅れ、工事の開始は三年後の正和四年(一三一五)になった。材料費と人件費の調達に、三年も要したということだ。

何とか住めるレベルまで工事が進んで、花園天皇が移住した文保《ぶんぽう》元年(一三一七)までに、また二年かかった(『花園天皇宸記』文保元年四月一九日条)。工事の奉行《ぶぎょう》(総監督)は西園寺公《きん》衡《ひら》という廷臣だったが、途中で亡くなり、父の実兼《さねかぬ》が引き継いだ。西園寺家は、朝廷の生命線となる幕府との交渉の窓口である関東申次《もうしつぎ》という地位を世襲し、絶大な権勢を誇った家だ。この事業の完遂が、幕府との連携なくしてあり得なかったことがよくわかる。

構想から八年も経て一段落したが、それでも大きなものを失った。「閑院は末代《まつだい》に於《おい》ては叶《かな》はず(世も末の昨今、閑院の復活は望むべくもない)」と、閑院が諦められてしまったのだ(同前)。二町規模の閑院は大きすぎ、当時の幕府・朝廷の財政状況では再建不可能だった。広さは一町規模に半減され、場所も二条大路の北、富小路の西に変更された。そこは、「二条富小路の昔の院の跡に、あづま(幕府)よりつくりて奉る内裏」(『増鏡』一一―うら千鳥)といわれたように、嘉元四年(一三〇六)の焼失以来、放置されていた富小路殿の跡地だった。

場所は同じだが性質が違うので、新しい方を「二条富小路殿」と呼んで区別する専門家もいるが〔川上貢―一九六七b〕、本書ではそれはやめておこう。すでにお気づきの読者もいると思うが、「二条富小路殿」は後深草系の三代(伏見・後伏見・花園)の仮内裏と同じ名であって、読者はもちろん、書いている私でさえ混乱する。場所が同じなら、名前も同じ「(冷泉)富小路殿」と呼ぶのが自然で、必要に応じて「新生富小路殿」と呼ぶことにしよう。

閑院の再建は諦められたが、その精神、目指したものは変わらなかった。それは、閑院と同レベルの特別な内裏、つまり、大内《おおうち》(平安京本来の内裏)の形状と役割を継承する、朝廷唯一の正規の内裏、仮住まいでない恒久的な内裏としての、根本内裏だった。

その証拠に、新生富小路殿の構造は、「閑院を模」して再現していた。儀礼を行う上で最も重要な正殿である紫宸殿や、天皇の生活空間である清涼殿はもちろん、宜陽殿《ぎようでん》・校書殿《きょうしょでん》などの主要な殿舎をはじめとして、多くの施設が再現された(川上貢―一九六七b)。

ただ、二町規模の閑院を一町の土地に再現する以上、縮小は避けられない。多くの建物は「間数《けんすう》」(六〇頁)を縮められた。正確な縮小率は不明だが、たとえば、七間あった幅と奥行きを各五間に縮小すれば、面積を四九%節約できる。すべて縮小されたが、「清涼殿だけは、天皇の生活空間なので不便になるため縮小しなかった」と花園は証言している(『花園天皇宸記』文保元年四月一九日条)。

新生富小路殿の立地は、かつての後深草系の本拠地(富小路殿)と同じだが、その土地が選ばれた理由は、最適な更地だったからにすぎない。新たな内裏は、もはや後深草系だけのものではなかった。血統を問わず天皇が住むべき、根本内裏だったからだ。この後、花園(後深草系)・後醍醐(亀山系)・光厳《こうごん》(後深草系)の三代が住み、その役割は果たされた。両統の交替ごとに皇居が転変を繰り返す状況は、ようやく解消したのである。

しかし、すべてを台なしにする天皇が、その三代の中にいた。後醍醐天皇である。幕府がせっかく造ってくれた根本内裏を、天皇家の身勝手な都合で灰にしたという点で、後醍醐は後鳥羽の再来である。鎌倉幕府の徒労感は想像を絶するが、幸いにも、鎌倉幕府はそれを感じなくて済んだ。根本内裏が灰になる前に、後醍醐によって滅ぼされたからである。

第三部 後醍醐天皇の跳梁と蹂躙される京都・内裏

第九章　京都を混沌に陥れる建武政権

後醍醐天皇の登場――両統迭立の軍事的解決

　鎌倉時代の最終局面に、後醍醐天皇という怪物が登場するまでの経緯は、複雑を極める。ただ、問題の本質は単純だった。亀山系・後深草系の対立と、亀山系の内部分裂、つまり天皇家の人々の皇位に対する妄執である。

　特に、最も始末が悪くて話を拗《こじ》らせたのが、亀山系のボスである後宇多法皇の妄執だった。後宇多は、長男の後二条天皇を寵愛《ちょうあい》した。しかし、後二条が若くして没したため、皇位が後深草系の花園に渡ってしまった。後宇多は熾烈な運動を展開し、後二条の弟の尊《たか》治《はる》親王（後の後醍醐天皇）を皇太子にして、尊治の次には後二条の忘れ形見・邦良《くによし》親王を皇太子にすることを、幕府と後深草系に認めさせた。そして、後二条の在位期間が短かった穴埋めとして花園の速やかな譲位を求め続け、文保《ぶんぽう》二年（一三一八）に実現させた。そのため、せっかく復活した根本内裏の富小路殿に、花園は一〇ヶ月しか住めなかった。

こうして後醍醐天皇が登場したが、後宇多は彼の子孫に皇位を継承させず、邦良に返せと厳命していた。その結果、使い捨ての中継ぎにすぎない後醍醐と、後宇多最愛の孫を自認する邦良は憎み合った。邦良は後醍醐に何度も譲位を迫り、幕府まで動かそうとした。

後醍醐は追い詰められていた。遠からず邦良に皇位を譲り、その後は後深草系の後伏見の子・量仁《かずひと》親王（光厳天皇）が皇太子になると決められていたからだ。そのプランを提案したのは、両統迭立を尊重し、これ以上の天皇家分裂を望まなかった幕府である。後醍醐は幕府に怒っていた。亀山系は、後嵯峨法皇が唯一正統な嫡流と認めた家柄だ（と主張してきた）。それが、傍流の後深草系と対等に皇位を回し合うなど、そもそもおかしい。そして何より、天皇は万能であり、すべてを決めてよい絶対君主のはずだ（と後醍醐は信じた）。皇太子も天皇が決めるべきで、そこに幕府が介入すること自体が間違っている、と。

その幕府は、承久の乱以来、武力を背景にして脅すように、天皇の首をすげ替えてきた。もう数年経てば、また幕府が武力で後醍醐に譲位を迫るだろう。許しがたいことだ。それを防ぐには、手は一つしかない。先手を打って挙兵し、幕府を滅ぼすことだ。

後醍醐は、この驚くべき短絡的な結論を導き出し、以後、執拗に倒幕を実践した。

後宇多法皇の厭世生活《デカダンス》の場と化す大覚寺殿

一方、後宇多は、日々の政治をこなせる精神状態ではなかった。父・妻・子に次々と先立たれ、心が折れていったのだ。まず嘉元《かげん》三年(一三〇五)に父の亀山法皇を喪《うしな》い、二年後の徳治《とくじ》二年(一三〇七)に寵妃の遊義門院を喪った段階で、後宇多は出家して大覚寺殿に入った。大覚寺殿には、亀山法皇の亀山殿や、後二条の内裏だった二条高倉殿の一部が移築された。そして翌年に後二条が没した結果、同時に治天の地位を失ったこともあって、後宇多は政務への意欲を失い、邦良の皇位継承だけに現世的執着を見せ、あとは父・妻・子の菩提を弔うことと、自分の死後の安楽のために、仏道修行にのめり込んだ。

一〇年後の文保二年(一三一八)、息子の後醍醐が天皇となったのでまた治天となったが、わずか三年後の元亨《げんこう》元年(一三二一)、院政を辞めてしまう。院政を敷いた三年間も「晩節は政事《せいじ》斉《ととの》はず。政《まつりごと》、賄《まいない》を以《もっ》て成る(晩年は政治が乱れ賄賂がものをいった)」といわれ、やる気のない政務が近臣の汚職を横行させた(『花園天皇宸記』正中元年六月二五日条)。

邦良への妄執だけで現世とつながっていた後宇多は、京都から離れた嵯峨の大覚寺殿に閉じ籠もった。後宇多は、人々が決裁を求めて大覚寺殿を訪ねても、「うるさく」感じただけだった(『増鏡』)。かつては亀山系も後深草系も、治天は京都近郊の御所を拠点として、天皇や廷臣の行政と密着していた。父の亀山も祖父の後嵯峨も、嵯峨の亀山殿は遊興と一日単位の仏事の場とするにとどめ、院政の拠点は京都近郊の禅林寺殿などを用いた。

それを思えば、後醍醐の皇居・新生富小路殿から八㎞という大覚寺殿の遠さは、そのまま後宇多の政治との疎遠な関係に比例している。大覚寺殿とは、亀山系の政治の拠点ではなく、亀山系が政治を投げだした象徴なのだ。その意味でも、後深草系と熾烈に対立した政治闘争の主体を「大覚寺統」と呼ぶことは、あまりに不適切なのである。

人材難で起用される足利尊氏

その後宇多が愛した邦良は、正中《しょうちゅう》元年(一三二四)、幕府に後醍醐の退位を認めさせつつあったらしい。それが恐らく、同じ年に後醍醐を〝正中の変〟というクーデター未遂へと駆り立てた。計画は漏れて失敗したが、幕府は後醍醐を深く追及しなかった。幕府の維持で精一杯の長崎政権が、幕府の処理能力を超えた混乱を望まなかったからと思われる。

その中で、混乱の元凶と化していた邦良は、幸か不幸か、二年後の嘉暦《かりゃく》元年(一三二六)に二七歳の若さで病没してしまう。これで敵が後深草系と幕府に絞られた後醍醐は、猛然と運動した。邦良の死に伴って皇太子となった量仁への譲位を拒み続け、中宮・西園寺禧《き》子《し》の懐妊を口実に様々な祈禱を行って、幕府を呪詛《じゅそ》した(百瀬今朝雄―一九八五)。彼女の懐妊が一六ヶ月も続いたので、安産祈願の祈禱という嘘には誰もが気づいていた。

しかし、呪詛は一向に効かない。業を煮やした後醍醐は、元弘《げんこう》元年（一三三一）、再び実力行使に踏み切る決断をした。その計画も漏れ、後醍醐は幕府に逮捕される寸前に京都を逃れ、南山城《みなみやましろ》の嶮岨《けんそ》な山岳地帯にある笠置寺《かさぎでら》に籠もり、城に仕立てて籠城した。幕府はすぐに大軍を送り、笠置城は一日で落城して後醍醐は捕らえられた。

後醍醐が翌元弘二年に隠岐に流されたことで、量仁が践祚して光厳《こうごん》天皇となった。これで両統迭立は、後深草系の完勝に終わると思われた。しかし、後醍醐は一年後の元弘三年に脱出に成功し、山陰地方に上陸して、全国の武士に幕府打倒を呼びかけた。これを鎮圧するために派遣された幕府軍は、足利尊氏と名越高家《なごえたかいえ》（北条一族）に率いられていたが、高家が京都付近の最初の合戦であっさり戦死し、尊氏一人が幕府軍を掌握した（前著『室町の覇者 足利義満』）。その尊氏は、すでに後醍醐への寝返りを決意しており、元弘三年五月、麾下《きか》の軍勢で六波羅探題を攻め滅ぼして京都を掌握した。同じ五月のうちに関東では新田《にった》義貞《よしさだ》らが鎌倉に攻め込んで陥落させ、北条氏は族滅して鎌倉幕府が滅んだ。

後醍醐は、帰京の途次にあった五月二五日、「光厳天皇は「偽主《ぎしゅ》（天皇を自称する偽者）」であり元通り自分が天皇である」と宣言し、光厳が定めた「正慶《しょうきょう》」年号を廃止して元の「元弘」年号を使うと宣言した（『皇年代略記』、『神皇正統記』、『康富記』文安四年一一月二七日条）。後醍醐は、自分に都合の悪い出来事があった月日を、すべて巻き戻したのだ。いわゆる〝建武《けんむ》の新政〟の始動であり、専門家はこれを〝建武政権〟と呼んでいる。

業務がパンクする建武政権

後醍醐は、念願の天皇独裁政治を手に入れたはずだった。しかし、建武政権は、始まったその日から崩壊しかかっていた。特に混乱を招いたのが、恩賞問題である。

後醍醐は、祈禱によって神仏の加護を招いた寺社こそ最大の功労者だと見なし、安全な場所で呪文を呟《つぶや》いていただけの大寺社に、まず恩賞を与えた。次に、戦場から遠い安全な場所で後醍醐に付き従っただけの廷臣たちに、恩賞を与えた。戦場で莫大な犠牲を払って戦い抜いた武士の恩賞は最後になり、しかも武士が多すぎて、恩賞の授与も捗《はかど》らなかった。

実は、後醍醐の政権は、恩賞を与えるどころではなかった。味方した者たちに既得権を保証する「安堵《あんど》」という作業が、いつまでも完了しなかったのだ。後醍醐は、「これまで通りの所領を保証する」と述べた。これで社会が新たな混乱に突入することはない、と甘く見ていた。既存の社会が、すでに大混乱していたことに気づかなかったのだ。「これまで通り」というが、「これまで」の所有者が法的に確定していない所領は山ほどあった。

こういうことだ。ある土地を、武士Aも武士Bも、自分のものだと信じている。彼らは何度でも法廷で争い、敗訴しても手を替え品を替えて訴訟を蒸し返し、あらゆる訴訟戦術を使って領有権を追求した。裁判のたびに領有権は転々とし、誰が領有するのが法的に正しいのか、もはや最終決定が困難な事例ばかりだった。その中で、「これまで通り保証する」といわれれば、武士Aも武士Bも、「自分の領有権がこれまで通り保証されたのだ」と主張するに決まっており、つまり紛争状態が継続するだけだった。

そこに、後醍醐が大規模な戦争を起こしたことで、どさくさに紛れて実力で係争地を奪い取る事件が多発し、むしろ後醍醐の倒幕が混乱を助長していた。これまで幕府が担ってきたそれらの法廷闘争は、後醍醐が幕府を消滅させた以上、すべて朝廷が背負い込むことになった。その訴訟のためと、恩賞を要求するため、京都には陸続《りくぞく》と武士が上り、当然ながら、朝廷の裁判・審査機関はパンクした。

『二条河原落書』に描かれた京都の混沌

建武政権の成立は、このように、決して望ましくない形で京都を武士で満たした。それは、武士の文化を朝廷に、地方の文化を都に持ち込む、強制的な文化交流であり、朝廷・京都の文化は激しく揉《も》まれ、武士・地方の文化とシャッフルされた。

その様相を、当時の知識人が『二条河原落書《にじょうがわららくしょ》』で活写している。それは、主に五・七調を繰り返す文芸風の文章で、落書として流布された。落書とは、世情を諷刺《ふうし》する匿名《とくめい》の文章を、人目につきやすい場所にわざと落としたり、掲示したりする風習である。『二条河原落書』は、文字通り二条河原（賀茂川の二条大路付近の河原）に掲示された。

作者は不明だが、文脈にちぐはぐなところがあり、後に述べる連歌《れんが》のように、複数人で思いつくままに句をつなぎ合わせていった合作と見てよい。諷刺の対象には武士が多く、廷臣が少ない。また、禅宗や律宗など、鎌倉時代から盛んになった仏教の新潮流の僧を罵倒する一方で、天台宗・真言宗など旧来の仏教の主流派を一言も非難していない。天台座主だった護良《もりよし》親王（後醍醐の子）とその手下の破落戸《ごろつき》の僧兵など、明らかに褒められたものではない山門《さんもん》（比叡山延暦寺）系の勢力がいたにもかかわらず、だ。作者の中心は、山門やそれに近い旧仏教の僧を中心に、出家した廷臣などが混ざった集団なのだろう。

「此比《このごろ》都ニハヤル物、夜討《ようち》・強盗・謀綸旨《にせりんじ》」という冒頭部が著名だが、読み進めてゆくと内容は多岐にわたり、当時の京都の様子を簡潔かつ多角的に描写した、貴重な証言である。後醍醐のせいで京都がどうなってしまったかを読者にイメージしていただくには、この落書を紹介するのが最も手っ取り早い。文章が異なる写本がいくつもあるが、近年の本文研究の成果に学んで（原美鈴―二〇〇五年）、最も正しそうな本文・解釈をベースに、適宜情報を補いながら、『落書』が証言する京都の姿を紹介しよう。政府の末期症状と社会の無闇な活力が混在する、中世的カオスを堪能して頂きたい。

内裏に殺到する訴訟人と異形のならず者

後醍醐はごく一部の側近を取り立て、家業や能力の適性を無視して様々な仕事の責任者にしたため、行政は停滞した。

特に深刻なのは、記録所《きろくしょ》と雑訴決断所《ざっそけつだんしょ》だった。どちらも所領裁判の専門機関だが、従来から(平安後期に後三条《ごさんじょう》天皇が設置した時から)あった記録所だけでは量的に処理しきれないため、記録所には廷臣・大寺社など上層の特権階級だけの訴訟を扱わせ、武士など下層部の訴訟は、雑訴決断所を新設して扱わせた。迅速に訴訟事務・裁決を行う事務能力と公正さが要求される機関のはずだが、どちらも後醍醐のお気に入りの巣窟となり、空前の訴訟ブームを取り捌《さば》けるプロが不足して、停滞した。雑訴決断所は人員を増強されたが追い着かず、政権の始動からわずか二年後の建武《けんむ》二年(一三三五)にパンクして機能停止した。

空前の訴訟ブームが起こったのは、所領の安堵や恩賞を求める人々が殺到したためだ。基本的に、倒幕戦を生き残った者は後醍醐の味方と見なされ、無条件に所領を元通り安堵されたはずだが、その〝元通り〟がどの状態かを争う裁判中だった者や、これを機に裁判を起こす者が殺到したのだ。京都には、証拠文書を入れた「細葛《ほそつづら》(蔓《つる》を編んだ箱)」を携えて地方から上洛する者が満ち溢れ、中には証拠として捕虜や生首を持参する者さえあった。

彼らは手続きを逸脱して、濫《みだ》りに内裏で直訴を試みた。後醍醐はこれを禁止し、「「押《おしの》小路《こうじ》京極《きょうごく》の役所」で予約してから来い」と命じている(『建武記』大番条々－陣中法条々)。押小路京極は、内裏の富小路殿から南・東に一町ずつの地点だ。そこは「陣中《じんちゅう》」という、里内裏の周囲に観念的に設定された「宮中」の領域の境界である(図10)。「陣中」の実態はただの市街地なので、放っておくと誰彼構わず入り込み、治安を乱す。後醍醐はそこにチェックポイントを置き、記録所・雑訴決断所の受付を置いて、交通整理したのである。そのチェックポイントには「番屋《ばんや》」という警備拠点を設けるはずだったが、政権の始動から二年後の建武二年の法令が「急いで造り終われ」と命じているので、いつまでも未完成だったらしい。職員たちも、ごった返す通行人や受付希望者を整理する業務や、自分の訴訟などで余裕がなかったのだろう。警備拠点がないので警備は甘くなり、得体の知れない「異形《いぎょう》」の者たちが内裏近辺を横行した。武士も、武士なのかよくわからない荒くれ者たちも、武装して内裏の至近を平然と歩いた。治安に不安が生まれ、後醍醐は朝廷の武官とチェックポイントの職員以外が、陣中で武装するのを禁じた。

その禁令は、通行を禁止された「異形」の具体的な姿を列挙している。一番奇妙なのは、僧のように頭を丸め

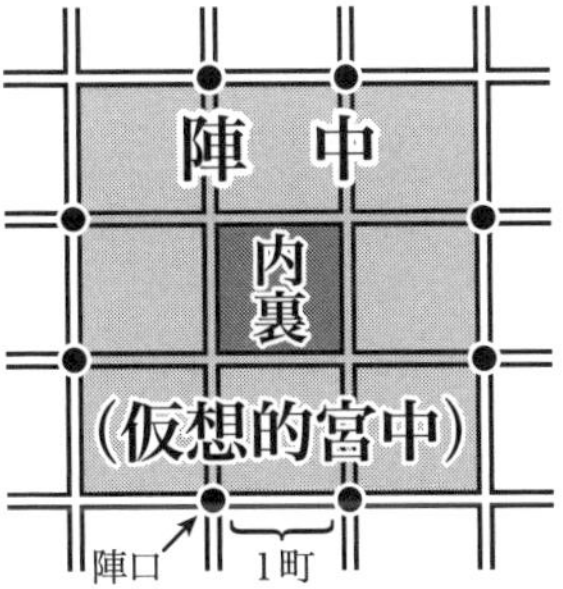

図10　里内裏を囲む「陣中」の模式図

た俗人たちだ。本来、成人男子は長髪で髻《もとどり》（髷《まげ》）を結い、冠か烏帽子《えぼし》をかぶるのが大原則だが、当時その社会常識を逸脱し、好きな髪型や衣服でぶらぶらし、中には無闇に喧嘩闘争を好む「ぼろぼろ」というならず者までいた（『徒然草』第一一五段）。「鬢帽子《びんぼうし》」という、烏帽子の下に垂らすように着けて頭の左右を覆う謎の被《かぶ》り物や、笠を着けて通る者もいた。いずれも顔を隠すので、治安の悪化につながるのはいうまでもない。

貴人の家の近くは相応の服装で通るべきだが、小袖《こそで》・小袴《こばかま》という簡略で作業着的な衣服を、布（植物繊維）で粗末に作って着る者も多かった（身分ある者は、せめて絹で作るべきだ）。茎植物の茎で編んだ履物の「藺沓《いぐつ》」、動物の革で作った靴下のような下履きの「革襪《かわしとうづ》」、運送夫の履物らしき「駄履（読み方不明）」、そして草履《ぞうり》など、田舎の労働者階級の野外の作業着を着たまま、内裏周辺を横行し、ごみを不法投棄してゆく者が多かった。

彼らの多くは商人で、後醍醐は彼らの接近を禁止したが、中には、貧しさと身軽さのために田舎の労働者のような格好をした武士が、かなり混ざっていた可能性が高い。農民も多かっただろう。「花山桃林《かざんとうりん》（桜や桃の花に満ちた理想郷）」といわれた華やかで風雅な京都は、武士や民が持ち込んだ大量の牛馬で満ち溢れ、泥臭くて騒々しい田舎のようになった。そうした田舎（地方社会）を京都に持ち込んだのは、建武政権自身だった。

不正の横行と〝職業選択の自由〟

後醍醐はお気に入りの不正に目を瞑《つむ》ったため、人々は彼らに追従し、競合者を讒言《ざんげん》した。役所や人々からの行政案件・訴訟を天皇に披露して決裁を仰ぐ伝奏《てんそう》（取次役の高級秘書官）たちは、あからさまに縁者を贔屓《ひいき》したが、彼らが「賢者」面《づら》して考え抜いた詐謀《さぼう》は、愚者の思いつきより質が低い、露骨な不正だったという。鎌倉時代から幕府や朝廷の権力者に帰依されてきた禅宗（臨済宗）や律宗の僧は、利権の確保と口利きに奔走した。

口利きで出される綸旨《りんじ》（天皇の命令書）は、本物であるだけ、まだましだった。後醍醐が、「すべての裁決や許認可の最終決定力は、自分の綸旨だけにある」と綸旨至上主義にこだわったため、各地で「謀綸旨《にせりんじ》」を偽作する者まで現れた。そうして手段を選ばぬ法廷闘争の場となった裁判で、底辺から急に「下克上《げこくじょう》」して大名《たいめい》（大豪族）に成り上がる者や、所領を失って路頭に迷う者が続出した。

後醍醐は、武士でもないのに戦争に邁進《まいしん》し、僧でもないのに呪詛《じゅそ》に熱中した。廷臣に軍事を統轄させ、武士に書類行政をやらせた。廷臣に軍を統率させ、武士の力を分散させて抑制するためだ。そうして天皇が適性を考えない人事を行えば、下は上を真似る。

誰もが、家格や家業に関係なく、したいことをすればよい時代が来た、と履《は》き違えた。すでに鎌倉末期、家業を無視して、武器を振り回す廷臣や僧、和歌や音楽に熱中する武士が増えていたが、朝廷と幕府の間の垣根が消えてすべての人が混ざり、シャッフルされたことで、人々は存在しないはずの〝職業選択の自由〟を謳歌し、混迷を深めた。

僧と俗人の垣根は低くなった。勝手に御家人の務めを投げ出すので鎌倉幕府では罪とされた「自由出家（無許可の出家）」を行って僧になったり、僧になる気もないのに頭を丸めるファッションが流行ったりした。逆に、後醍醐の子の護良《もりよし》親王のように、僧でありながら血塗《まみ》れになって戦い、どうせなら、と僧を辞めて還俗《げんぞく》する（俗人に戻る）者もいた。

貴族と武士の垣根も低くなった。廷臣の北畠顕家《きたばたけあきいえ》は、鎮守府大将軍《ちんじゅふだいしょうぐん》に任命されて東北地方に赴任し、武士を統轄した。逆に、武士の楠木正成《くすのきまさしげ》や高師直《こうもろなお》（足利尊氏の家臣筆頭）が記録所や雑訴決断所の職員となり、文書行政をさせられた。足利尊氏は生来武士でありながら、公卿に取り立てられて昇殿《しょうでん》（内裏の清涼殿に昇れる天皇側近の特権）を許され、着慣れない冠や衣服・笏《しゃく》（手に持つ木の板）を身につけて、ぎこちなく貴族として振る舞った。

朝廷に登用された武士たちは、従来あり得なかった廷臣・女官たちと交流を持ち始め、優雅さも作法もない、にわかの「内裏交《だいりまじ》ワリ」の様子が嘲笑された。鎌倉時代の武士は、贅を尽くした宴会と贈答品で仲間を饗応することを好んだ。武士たちは、その文化を京都に持ち込み、日々、地方の珍しい特産品を取り寄せては人に振る舞った。

そうした饗応で酔っ払って侍烏帽子《さむらいえぼし》（甲《かぶと》をかぶれるよう後ろに折り畳んだ烏帽子）も傾い

た地方の武士が、夕暮れ時には浮かれて「色好ミ」になり、女性との色事を求めて宮中に近づいた。願いが叶うまで神社に口参するようなその有様は「内裏拝ミ《だいりおが》」と揶揄《やゆ》され、女性たちも浮ついて人目を忍ぶような行動が増えた。数年後のことだが、暦応《りゃくおう》二年（一三三九）、高師直の子として生まれた師夏《もろなつ》は、母が前関白の二条道平《みちひら》の妹だった。その彼女は、師直が「盗出シ《ぬすみいだ》」て妻にしたといわれている（『太平記』二十六―執事兄弟奢侈事）。

素人化する武士と武士まがいの素人

京都での滞在費や交際費が嵩《かさ》んだ武士たちは、目先の金銭のために古い甲冑《かっちゅう》を質に入れ、朝は粥《かゆ》しか口にせずに出かけてゆく。馬上から弓を射る高度な騎射の技術は廃れ、闇雲に遠くから矢の雨を降らせたり、刀を振り回すだけの粗雑な戦い方が主流になった。

そこで、武士たちは太刀《たち》（大型の日本刀）より長大な「鉛作ノ大刀《なまりづくりおおかたな》」を好み始めた。「鉛作」は、手もとの柄《つか》や鍔《つば》の材質が鉛なのだろう（それらを金で作れば黄金作《こがねづくり》という）。何のための作りかよくわからないが、鉛の比重は鉄より重い。長大な刀身と重さのバランスを取るため、支点の逆側になる柄を重くしたのではないか。柄の側が通常より重い大刀は、腰に佩《は》くと前が重くて下がる「前下がり」になり、水平に近くなる。そうすると抜刀しやすいようで、強くお洒落に見え、誇らしげに「前下がり」に大刀を佩くのが流行した。

馬鹿でかい刀を振り回す素人じみた戦法が主流になる中、騎射のために特化した武士の移動手段は、時代遅れになった。本来、武士は速度と体力を重視して逞《たくま》しい馬を好んだが、騎射を行わない（行えない）なら、馬は移動手段にすぎない。京都で急速に痩馬《やせうま》が流行ったのは、「馬は動けばよい」としか考えない武士が蔓延したからだろう（オートバイよりスクーターを好むようなものだ）。

広輿《ひろごし》という、幅広の輿（人が手で担ぐ乗物）が流行った理由も同じだろう。日本唯一の騎射術の使い手であったはずの武士、それも、いつ敵に襲われて騎射を行うかわからない臨戦態勢の武士が、移動手段に馬以外を使うことは、本来あり得ない。しかし、どうせ騎射をできないなら、移動手段は馬より快適な輿でよく、どうせ輿に乗るなら、居住性が快適な広輿でゆったり移動すればよい、と割り切る武士が増えたらしい。彼らは、甲冑だけは立派で武士に見えるが、犬追物《いぬおうもの》（逃げる犬を馬で追って鏃《やじり》のない矢で射る騎射の訓練）をさせれば、射る矢の数より落馬の数が多い始末だった。

武士が都風の文化を楽しんだように、都人も鎌倉から武士が持ち込んだ文化を楽しんだ。武芸、特に武士の専売特許である騎射の芸は、生後間もなくから技術と心構え（戦士の覚悟）を叩き込まれ、長年の日常的訓練を重ねて初めてものになる技芸だ。戦争が武士だけのものになったのは、そうしたプロフェッショナルの戦士が行う戦闘が、にわか仕込みの廷臣や民が追いつけないほど高度化したからだった。

ところが前述のように、戦闘の専門家だった武士の多くはその専門技術を忘れ、新たに熱中する技芸も素人芸の域を出ず、何一つぴりっとしない「並堕落《ナメンダラ》（素人と混ざってぐだぐだ）」になった。そうして武士が〝素人化〟してくると、本物の素人たちが参加してきた。気性の荒い廷臣や僧や百姓が、本業そっちのけで武芸の真似事に熱中し、力自慢が闇雲に刀や棍棒を振り回して武芸自慢を気取った。

それは「非職《ひしき》ノ兵仗《ひょうじょう》（素人の武装化）」といわれ、〈朕《ちん》のために戦えるなら何でもよい〉と割り切る後醍醐の政権で社会に蔓延したが、心ある者は蔑《さげす》んだ。戦闘のプロが減り、我流で戦闘の真似事をする素人が割り込んだ結果、戦闘員の平均的資質は下がった。また、〈天皇への貢献こそ何より有意義なもの〉と信じる後醍醐が、廷臣・武士・百姓を問わず、お気に入りに好んで重職・優良資産（所領）を与えた結果、大して忠義心も功績もない者が蔓延《はびこ》って、全体の質をさらに下げた。

高度なゲームの大流行——小笠懸・連歌・鷹狩

その一方で、なぜか最も難易度が高い「小笠懸《こかさがけ》」が流行った。笠懸《かさがけ》は馬場を走って進行方向左に掲げられた笠を射る騎射の訓練だが（一六一頁の図11）、小笠懸は馬場を逆走してそれを行う（近藤好和―一九九七）。弓は必ず左手で持ち、矢は必ず左に向けて射る。それを、（弓の持ち手を換えずに）右に向けて射るのだから、人体の構造上、不可能に近い曲芸になる。犬追物さえ満足にできない武士が多い中、なぜかこの曲芸が京都で大流行した。小笠懸を行える武士は鎌倉幕府でも皆無に近く、現に、人々は師匠を調達できずに我流で小笠懸に熱中した。通常の弓術の腕前とはあまり関係がない曲芸は、誰もが下手であり、その分、露骨な実力差で勝負が最初から決まったりしない、公平なゲームとして楽しまれたのだろう。

ゲームといえば、連歌《れんが》が大流行した。連歌は、数人で順番に五七五・七七の句を交互に詠《よ》んでつなげ、数十句も百句も連ねて、最終的に一つの長歌を作る遊戯だ。和歌がベースであるから宮廷文化の亜種であり、平安末期から京都で発達した。

複数人の合作で、しかも自分の句を自由に詠む権利が各人にあり、前の句を詠んだ人や周囲の予想を裏切る展開の句を、次の人がつける。そうして、他人が積み上げた未完成の筋書きや情景を、どううまく継承・展開させるかに頭を捻《ひね》り、変幻自在に化ける途中経過と、最後の句まで見えない作品の完成形を楽しむ文芸ゲームである。

これにはかなりの作歌の訓練と冴えた頭脳が必要だが、猫も杓子もやりたがり、素人集団が乱立した。京都の廷臣と鎌倉の武士が混ざるので、文化も言葉も違いすぎて一つの作品を作りにくく、素人が「点者《てんじゃ》(句や作品の良し悪しを判定する者)」を務めるので、目も当てられない駄作も量産された、と『二条河原落書』はいう。しかし、異文化交流ならではの新風も生まれたに違いない。

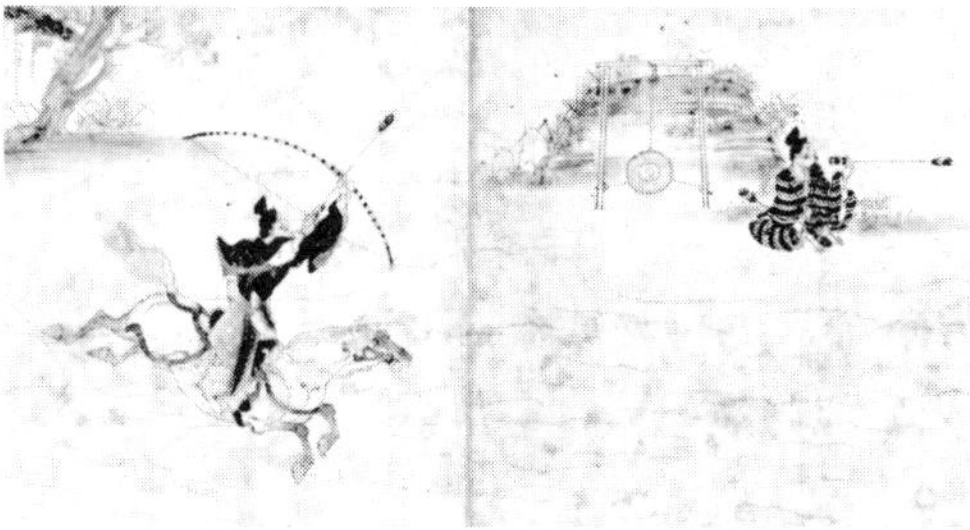
図11　笠懸。小笠懸は右から逆走する(東京国立博物館所蔵『男衾三郎絵詞』)

武士は都で、鷹狩《たかがり》という宮廷文化にも熱中した。鷹を放って小鳥を捕らせる鷹狩は、本来、帝王(天皇)の狩である。そのため朝廷も幕府も、一貫して廷臣・武士・民の鷹狩を禁止してきた。鷹狩は一見、武人らしい活動に見えるし、面白い遊戯なので、禁令を無視する武士は絶えず、また紀伊など一部地方では日常的に武士が行っていたようだ。

ただ、建前上、武士は鷹狩を行わないはずで、朝廷ではその技術を廃れさせないため、一部の廷臣が学び伝えていた。朝廷ではかつて持明院家(一二一頁)が伝承していたが、実は例の西園寺公経の母が持明院家出身だったため、公経が好んで学び取り、西園寺家にも伝えられた。恐らくその知識・技術が、突然活発化した「内裏交ワリ」

によって武士に流布したのだろう。誰もが誇らしげに腕に鷹を載せて放ったが、能力も大きさもない粗悪な鷹が大いに出回り、知識も技術も足りないので狩にならなかった。

鎌倉末期に、鎌倉では「茶香《ちゃこう》・十炷《じっしゅ》」が大いに流行った。茶香は茶を飲み、十炷は香を嗅《か》いで産地をいい当てるゲームで、流行の中心地は鎌倉だったが、建武政権になって武士がその流行を京都に持ち込んだ結果、京都では二倍の熱心さで流行った。

鎌倉幕府で、最後の得宗・北条高時が、犬追物とともに田楽《でんがく》に熱中したのは、当時から有名な事実だった。田楽は、農作業を模した、躍動的・扇情的で滑稽な集団舞踊で、見物者も踊り出さずにはいられない、集団ヒステリーを巻き起こす芸だった。それに熱中したことが高時の暗君ぶりを象徴し、都人の脳裏には、政務そっちのけで踊り狂う高時の図が（想像で）刻み込まれ、犬追物や田楽が幕府を滅ぼしたかのようにいわれた。その犬追物や田楽が、京都で今になって大流行し、心ある者は、建武政権が滅びる前兆を読み取った。

強制占拠の横行と政府の〝青空庁舎〟

所領の保全や明日の食い扶持《ぶち》に汲々《きゅうきゅう》とする武士たちにとって、京都の警備など二の次であり、治安は荒れた。最も救いがたいのは、後醍醐が自ら治安を乱していたことだ。

この頃、京都では夜間に人家を襲撃する夜討ちが頻発した。それは、足利尊氏を憎み、武士の元締めになろうとする護良親王が、何度も尊氏暗殺を企てたからだった。護良や尊氏が召集した軍勢が京中を騒がしく動き、集合して、双方に急を知らせる早馬が走り抜け、すわ合戦という噂が流れても、尊氏側の防備が厳重で、結局合戦にならない「虚騒動《そらさわぎ》」や「虚軍《そらいくさ》」が頻発した。そうしたどさくさに紛れて、強盗が後を絶たなかった。

護良の尊氏暗殺計画は、実は裏で後醍醐が糸を引いていた。たび重なる暗殺未遂に腹を立て、黒幕が後醍醐だと感づいた尊氏が厳重に抗議すると、後醍醐はすべてを護良の責任にして、彼の身柄を尊氏に引き渡した。武士を直接支配したい後醍醐の意向を無視して、武士の長になろうと独自に活動していた息子の護良を後醍醐は憎み、これはこれでよい厄介払いなのだった。父の正体を知った護良は「尊氏より陛下が恨めしい」と述べたが手遅れで(『梅松論』)、足利氏が拠点にした鎌倉に連行され、後に戦乱のどさくさで殺された。

後醍醐は、京都の各所に篝屋《かがりや》を設けた。篝屋は街路に設けた夜間警備の拠点で、かつて幕府が京都に設置したが、八年で廃止されてしまったものだ(八一頁)。後醍醐はそれを全面的に復活させたのだが、そもそもかつて廃止された理由は、篝屋の造営や運営を賦課された御家人が、高い負担に耐えられなかったからだ。

それから約一世紀の間に、御家人の経済的体力は格段に損なわれ、しかも幕府を滅ぼす戦争でさらに疲弊した。それを補塡する恩賞も十分に行き渡らず、さらに所領問題の裁判が増えて負担増に苦しむ武士たちに、篝屋の造営も運営もできるわけがない。それを肩代わりする財力も、朝廷には少しもなかった。当時の篝屋は「荒涼五間《ごけん》・板三枚」といわれ、小規模な上に、満足に板敷の建物さえ造れない、仮設テントのような有様だった。

篝屋ばかりでない。「幕引《まくひき》マワス役所輌《ども》、其数《そのかず》シラズ満々《みちみて》リ」といわれ、後醍醐が新政権のために設置した役所は、どれも庁舎さえ造れず、空き地に幕を張り巡らせただけの、仮設の事務所だった。太平洋戦争後の〝青空教室〟と同じ、いわば〝青空庁舎〟である。

出世したり官僚になったりした廷臣・武士とその一派は、京都で新居を造ろうとしたが、その土地がなかった。いや、正確にいえば、前年に火事があり、そのために焼き尽くされた空き地はそれなりにあった。しかし、建武政権の恩賞配分の遅れが影響して、どの土地を誰から没収して誰に与えるか、決まらなかった。

ようやく敷地を獲得しても、戦争で疲弊した廷臣・武士たちには、身分相応の豪邸を完成させる余裕がなく、〝万年工事中〟の家が溢《あふ》れた。持ち主が決まらず、工事が始まらない焼け跡の空き地は、往来の人々が用を足す「クソ福《ふく》(トイレ)」になってしまった。治安が乱れれば美化が後退するのは当然で、街には異臭が漂《ただよ》った。

武士たちは、恩賞を認定されるまで京都を離れられない。また、一部は政権のスタッフに起用され、京都に拠点が必要になる。武士たちは不可抗力で京都に吸い寄せられ、京都のインフラと文化に強制的に割り込み、居座った。インフラ面での現象は「点定《てんじょう》」、つまり不動産の強制的な占拠である。前年の火事で焼け残った家々も、地方や鎌倉から来た大人数の武士たちが、寝床を確保するために実力で「点定」し、居座ってしまった。

都の路頭礼をかき乱す武士と「自由狼籍の世界」

京都の街路の秩序は、「路頭礼《ろとうれい》」で保たれていた。路頭礼とは、主に皇族・貴族が牛車《ぎっしゃ》で外出する時に、道で人と出会った場合に取るべき礼節、いわば交通マナーである。しかし、牛車など存在せず、自分より尊い者がほぼ皆無の地方社会で、我が物顔で馬を乗り回してきた武士たちは、京都の常識である路頭礼を知らず、知っても歯牙にもかけなかった。

そもそも、乗物にはランクがあり、鳳輦《ほうれん》(手押し車。天皇の乗物)→牛車→輿→馬の順に、乗れる人が限られている。位階でいえば六位、家柄でいえば公達《きんだち》(公卿を出す家柄)・諸大夫《しょたい》《ふ》(四位・五位を出す家柄)に次ぐ「侍」にすぎない大多数の武士たちは、牛車に乗る資格がない。日常的に馬に乗る彼らは、牛車と出逢《であ》えば無条件に遜《へりくだ》って下馬するべきだった。通常、それを怠ると相手に咎《とが》められ、口論になり、場合によっては闘争になる(その代表的な実例を前著『「京都」の誕生』第八章で詳しく取り上げたので、興味ある読者は参照されたい)。

しかし、武力闘争になれば、牛車に乗るような貴人が、武士に勝てるわけがない。だから武士は紛争を少しも怖がらず、実力にものをいわせて路頭礼を破り、「路次ノ礼儀、辻々ハナシ（どこの道でも交差点でも路頭礼は守られない）」と嘆かれた。

建武政権の崩壊後のことだが、象徴的な大事件があった。美濃出身の土岐頼遠《ときよりとお》という有力武士が、京都で光厳《こうごん》上皇の一行と出逢った。しかし、頼遠は下馬しようともせず、「自分ほどの有力者を、誰が馬上から下ろせるものか」と嘯《うそぶ》く。そこで上皇の従者が「院の御幸《ごこう》（お出かけ）であるぞ」と凄んだのがいけなかった。頼遠は面白がり、「院だと。よく聞こえないな。犬といったのか。犬なら犬追物のように射て倒さないと」と、馬で上皇の牛車の周囲を走り回り、馬上から矢を射た。当時、京都の治安に責任を持っていた室町幕府の執政・足利直義《ただよし》（尊氏の弟）は、この暴挙に激怒し、頼遠を処刑している（『太平記』）。

以上が、『二条河原落書』の証言を基に私が補足した、建武政権下の京都の様子である。作者が「天下一統《いっとう》メヅラシヤ」と締め括《しくく》ったように、天皇のもとに権力が一元化されたことこそ最大の変化だったが、後醍醐は京都をそれにふさわしい快適さと安全さを持つ街にする努力をせず、京都を混沌に陥れた。天皇がしたいことばかりする風潮が下々まで伝染し、京都は、誰もが好き勝手に振る舞う「自由狼藉（身勝手）ノ世界也《なり》」といわれた。

第十章　後醍醐の内裏放火と近代史学の闇——足利氏の冤罪を晴らす

大内裏の再建計画——院政に屈服した天皇の復権

後醍醐は、市街地の復興には目もくれなかったが、自分の権威の演出には熱心だった。一三世紀初頭から一世紀以上、大内裏がなくて困ったことは一度もなかった。天皇家は大内裏があっても顧みなかったし、後鳥羽上皇に至っては大内裏に事実上自分で火をつけたに等しい。その天皇家が掌《てのひら》を返した。後醍醐が大内裏の再建を宣言したのである。

大内裏の跡地は「内野《うちの》」という荒野になって久しいが、後醍醐の倒幕戦はその荒廃に拍車をかけた。京都で合戦が行われ始めたからであり、当然、合戦しやすい内野が戦場となったからである。たとえば、元弘《げんこう》三年(一三三三)五月、足利尊氏率いる倒幕軍に滅ぼされた京都の六波羅探題は、「内野へハ陶山《すやま》ト河野《こうの》トニ宗徒《むねと》ノ勇士二万余騎《よき》ヲ副《そえ》テ」と、主力武将に大軍を預けて内野に配備した(天正本『太平記』)。その荒野に、要《い》りもしない大内裏を再建する目的はただ一つ、天皇の権威回復のためだ。

後醍醐は、花園から譲位されて以来、皇位を奪われるまで、富小路殿を皇居とした。鎌倉幕府を滅ぼして天皇に返り咲いた元弘三年にも、六月五日に入京するとすぐ富小路殿に戻って、元通り使い続けた(『皇年代略記』)。新生富小路殿は閑院内裏を縮小復活させた根本内裏であり(一四一頁)、理念的にも物理的にも、そこを使わない理由はない。

しかし後醍醐は、あることに気づいた。幕府は、天皇の自由を妨げ、権威を制約したので敵だ。ならば同じ理由で、実は院政も敵だ、と。「大内裏は立派だが使いにくい(実は、朕《ちん》にとって都合が悪い)ので、快適な里内裏で暮らそう」と舵を切ったのは、時の天皇ではなく治天の白河法皇だった。天皇から実権を奪い、操り、皇位さえ自在に与奪した院政の都合で、大内裏は捨てられた。

後醍醐自身も、院政に苦しめられた。自分を「一代の主」として使い捨てにした父の後宇多院政こそ、一族(後深草系)や甥(邦良)との抗争を収拾不能にした、諸悪の根元だった。もとより、儒学(特に大義名分を重んじる朱子学)を重んじる後醍醐は、父を憎むわけにはいかない。その代わりに、後醍醐は、天皇を制約する院政のシステム自体を敵視した。院政をこの世から抹殺して、純粋に天皇として生涯、全権を握ることを願ったのである。

里内裏は快適だが、院政に天皇が実権を奪われていたことの象徴、いわば天皇の没落の象徴だ。大内裏は不要だし快適でもないが、天皇が紛れもなくこの国の君主だった時代の象徴だ。鎌倉幕府が新生富小路殿の新築さえ手こずったこの御時世に、大内裏など再建できるはずがない、と考えるのが常識的だが、後醍醐は少しも常識に屈しない。誰も滅ぼせないと信じていた幕府を、滅ぼせたではないか。強い信念を曲げなければ、天皇は最後に必ず勝つ。あの時のように臣民が総力を結集すれば、大内裏の再建などわけもない、と。

大内裏造営の大増税と銅貨・紙幣の発行計画

後醍醐は、政権発足から半年後の元弘四年(一三三四)正月、「建武《けんむ》」と改元し、同時に大内裏の再建を宣言した(『元弘日記并裏書』)。昔、中国で漢《かん》の帝位を奪った王莽《おうもう》を滅ぼし、帝位を奪回した光武帝《こうぶてい》が建国した後漢《ごかん》で、最初の年号が「建武」だった。日本国も、悪を滅ぼして正常な天皇の国に戻る時が来た。その物理的な象徴が大内裏なのだった。

もっとも、目途が立っていたわけではない。後醍醐は、思いつき次第、宣言するだけだ。事業は遅々として進まず、翌建武二年(一三三五)六月にようやく、「造大内裏行事所始《ぞうだいだいりぎょうじしょはじめ》」という、役所の発足式が行われた。宣言から始動までに一年半も要したのは、所領・恩賞問題の処理に政権の処理能力が割かれる中、それらが一段落するまで待ったからだろう。

大内裏の造営は、余力で片手間にできる事業ではないが、ともかく事業は動きだした。一年半の時間は、財源の目途を立てるのに要した時間でもある。その証拠に、造営の財源は、安芸《あき》・周防《すおう》（今の広島県と山口県の瀬戸内沿岸）の国衙《こくが》領収入（国司が荘園以外から取る税収）だった。周防は、鎌倉時代の初期から東大寺《とうだいじ》の知行国だった。東大寺は、それを永久的にもらったと理解していた。鎌倉時代までなら、その理解もありだ。しかし、〈すべては天皇のものである〉と考える後醍醐は、その理解を否定した。与えたのは確かだが、天皇はいつでも取り戻せるし、使途が天皇のための大事業ならなおさらだ、と東大寺を論した。それを東大寺に納得させるまでに、一年半を要したということだ。

後醍醐はさらに、全国の武士から、所領の全収入の二〇分の一を無条件に徴収して大内裏造営に宛てる増税を行った。所領の領有権も恩賞問題も解決していない武士に、「とりあえず収入を五％差し出せ」と迫る負担増を、彼らが素直に受け入れるとなぜ思ったのか、理解に苦しむ。そもそも、自分がどこにどれだけ所領を領有しているか、という法的権利が確定していないのに、所領の全収入の五％など計算できない。机上の空論である。

もう一つ、机上の空論があった。大内裏造営の宣言と同時に、「乾坤通宝《けんこんつうほう》」という通貨の新規発行を宣言したのである。実は、平安時代前期まで発行されていた〝皇朝十二銭《こうちょうじゅうにせん》〟を最後に、日本では独自の貨幣が鋳造されなくなっていた。年貢が中心の経済は、絹や米を通貨のように使う物々交換の経済で、こと足りていた。

鎌倉時代になると、日本は急速に貨幣経済の波に揉《も》まれてゆくが、それは日宋《にっそう》貿易の決済手段として中国から大量に流入した宋銭が勝手に流通し、なし崩し的に始まったものである。朝廷も幕府も貨幣を発行していないので、貨幣の管理自体が不可能だった。数世紀ぶりの自前の通貨の発行は、何ごとも自分の統制に服さないことが嫌いな後醍醐の自尊心を、いかにも満足させそうだった。

しかも、当時中国で「鈔《しょう》」という紙幣が使われていたのに倣《なら》って、「乾坤通宝」は銅銭と並行して、日本初の紙幣でも発行するという、壮大な計画だった(『建武年間記』)。後醍醐には、経済の基本知識も、金融政策の経験もない。鎌倉末期にインフレ対策で沽価法《こかほう》(物価を朝廷が定める法)を出した時も、「なぜ君主が決めた値段でモノを売らないのか。怪《け》しからん」くらいの認識しかなかった。需給バランスが物価を決めるなど、想像の外にある。その後醍醐には、紙幣は、刷れば刷るだけ無限に資金が手に入る魔法に思えただろう。

銅銭の鋳造には、原料の調達と技術者の確保に莫大な準備が必要で、紙幣を刷ろうにも、印刷技術や偽造防止策が追い着いていた様子はない。この計画が本格的に始動したとしても、後醍醐の狙い通りに成果を出せたとは到底考えられない。

離反した足利尊氏の人望と〝裸の王様〟後醍醐

ただ、後醍醐はすぐに、その心配から解放された。大内裏造営を担う役所の発足式、つまり事業がようやく第一歩を踏み出した翌月の建武二年(一三三五)七月、ある事件で建武政権が分裂し、そのまま六〇年も続く南北朝の内乱へと突入して、政権自体が消滅したからである。

その事件は、中先代《なかせんだい》の乱という北条氏残党の反乱で、彼らは鎌倉の奪回を目指して殺到した。鎌倉には当時、足利尊氏の弟直義がいた。直義は、雑訴決断所の地方分局を関東に設ける許可を後醍醐から引き出し、これを足がかりに換骨奪胎して、何と事実上の幕府を鎌倉に再生していたが(前著『室町の覇者 足利義満』)、苦戦して鎌倉を捨てた。この時に幽閉中の護良親王が殺されたが、それは北条氏残党に合流する素振りを見せたからだ。

京都の尊氏は弟を助けるため出陣する許可を求め、同時に征夷大将軍への任命を希望したが、後醍醐はどちらも拒否した。尊氏の武士たちに対するリーダーシップが強まるのを、これ以上許せないからだ。ところが、二つの驚くべきことが起こった。尊氏が制止を無視して出陣し、しかもその勅命違反の出陣に武士たちがぞろぞろと付き従ったのだ。

後醍醐が武士の信頼を得る努力を顧みなかった二年間に、尊氏は次世代の武士のリーダー格として着々と信望を集めていた。中世では、部下がリーダーを選ぶ。前途が暗いリーダーと心中する者は、ごく一部の側近だけだ。武士たちは、将来がない北条氏の幕府を見限ったように、後醍醐を見限って尊氏に乗り換えた。一世紀前に後鳥羽上皇が敗れ去った理由が、本質的に後鳥羽の人望のなさと幕府の北条政子・義時姉弟の人望にあったという歴史に学ぶ姿勢さえ後醍醐にあれば、この失敗はなかっただろう。

尊氏はすぐに乱を平定した。その尊氏に後醍醐は、「御苦労。ただし恩賞は京都で、朕の綸旨で与えるので、とりあえず京都に戻れ」と命じた。尊氏は従おうとしたが、弟の直義が断固止めた。後醍醐は、功臣の尊氏を何度も殺そうとした。信義を踏みにじる主君の、危険極まりない本拠地に戻ってどうする。武士たちも後醍醐に愛想を尽かし、尊氏についてゆく決意だ。鎌倉に留まり、武士たちの信望に応えて幕府を復活させよう、と。

尊氏は押し切られ、二ヶ月後の建武二年九月に、後醍醐に叛《そむ》いて独自に恩賞を与え始め、各国の守護を任命し始めた。後醍醐は怒り、新田義貞に編成させた討伐軍を関東に送り込んだが、足利軍に蹴散らされて逃げ帰った。この時点で、実質的に南北朝の内乱が始まる。足利軍は東海道を攻め上って京都に突入し、防戦する力がない後醍醐は比叡山に逃れた。

「足利軍が内裏を焼いた」という悪質な嘘

この建武三年(一三三六)正月一〇日の京都突入戦で、本書にとって重要な大事件が起こった。根本内裏の富小路殿が焼失したのである。この事件を、京都を攻撃した足利軍による放火だとする説がある。それも、専門家の間で極めて信頼性が高いとされている史料集、たとえば東京大学（戦前は東京帝国大学）史料編纂所《へんさんじょ》が作っている『大日本史料』や、戦前に宮内省が作った『後醍醐天皇実録』で、その説が採られている。前者は事件を「凶徒《きょうと》火ヲ縦《はな》チテ宮闕《きゅうけつ》ヲ焚《や》ク」と明記し、後者も「賊徒《ぞくと》細川定禅《ほそかわじょうぜん》等《ら》、山崎ヲ攻メテ官軍ヲ破リ、長駆《ちょうく》シテ入京ス、……賊徒《ぞくと》等火ヲ縦《はな》チテ宮闕《きゅうけつ》ヲ焚《や》ク」と明記して、足利側の細川軍が放火したと断定している。

しかし、それはひどい言いがかりで、冤罪《えんざい》だ。それらの史料集に載せられた、この出来事の信頼できる記録・文書に、「足利軍が放火した」と明記したものは一つもない。重大なことなので、読者に納得していただくため、それらを残さず（抜粋して）示しておこう。

①「東軍襲来の時、二条内裏、回禄《かいろく》す」（『皇代略記』）

右は「足利軍が襲来した時に内裏が焼けた」とだけ述べ、放火者を特定していない。

②「主上《しゅじょう》、山門に臨幸《りんこう》す。尊氏以下の凶徒《きょうと》、入洛《じゅらく》す。内裏炎上す」（『元弘日記抃裏書』）

右は、「後醍醐が比叡山に移った。尊氏以下の賊軍が京都に入った。内裏が炎上した」

と、三つの出来事を並列に述べただけで、足利軍の入京が炎上の理由だとは述べていない。

③「京極内裏、炎上す。主上、山門に幸《みゆき》す」(『東寺王代記』)

④「同十日の夜、山門へ臨幸《りんこう》ある。則ち内裏焼亡《じょうもう》しけり」(『梅松論』)

⑤「東坂本行幸《ひがしさかもとぎょうこう》、内裏炎上」(『大乗院日記目録』)

⑥「朝敵すでにちかづく。よりて比叡山東坂本に行幸して、日吉社にぞましましける。内裏もすなはちやけ、累代《るいだい》の重宝《じゅうほう》もおほくうせにけり」(『神皇正統記』)

右の③~⑥も同様で、「内裏が炎上した」ことと「後醍醐が山門に移った」ことの二つを、やはり並列に書いているだけで、誰かが放火したとさえ、一言も述べていない。

以上が、事件に関する信頼できる記録のすべてだ。ここから「足利軍が放火した」という結論を導くのは、逆立ちしても無理である。

足利氏に罪を着せた大日本帝国と御用歴史学者

それなのに足利軍の仕業《しわざ》とされたのは、次の『太平記』の一節を信じたからだろう。

⑦「四国・西国《さいごく》の兵共《つわものども》洛中《らくちゅう》に入《いり》て、行幸供奉《ぐぶ》の人々の家、屋形《やかた》屋形に火を懸《かけ》たれば……猛火内裏に懸《かか》りて……灰燼《かいじん》と成《なり》にけり」(『太平記』)

右は、「四国・西国からの軍勢が京都に入り、後醍醐の比叡山移住に随行した人々の家や多数の屋形に放火した……その猛火は内裏に延焼し……内裏も灰になった」と述べている。これなら、足利軍が内裏を焼いたといえそうに見える。

しかし、『太平記』は軍記物《ぐんきもの》、つまり本質的に文芸作品であり、それらは読み手が面白がるような演出と筋書きを最優先して、史実を曲げたり創作したりすることが多い（特に、出来事の日付や前後関係を操作して、筋書を改変することが多い）。かつての『平家物語』なども同類なのだが、軍記物に書かれた情報は、ほかの確かな記録と突き合わせて、裏づけが取れて初めて史実と認定できる。その手続きを怠ったり、裏づけが取れないことを無視したりして、軍記物だけに書かれた情報を、鵜呑《うの》みにして史実だと見なすことはできない。それが歴史学の常識であり、歴史学用語で〝史料批判《テクスト・クリティーク》〟という不可欠の手続きである。

普通、大学に入って史学科に配属された大学生は、まず徹底してこの〝史料批判〟の考え方を叩き込まれ、これを理解・納得できない者は先に進めないようになっている。東京帝国大学史料編纂所や宮内省（編纂当時）のような最高学府や政府機関が、最高水準の歴史学者を動員して編纂した史料集が、まさかそのレベルのミスを犯すとは信じがたい。

ここで、一方の『後醍醐天皇実録』を含む歴代天皇の『実録』が、宮内省によって作られたことが、大きなヒントとなる。その作成は大正四年(一九一五)に始まり、完成は昭和一一年(一九三六)、全巻の印刷完了は終戦前年の昭和一九年だった。その時代、天皇は絶対の正義とされ、後醍醐天皇は悪の鎌倉幕府から天皇権威を取り戻すために戦った中興の英主、足利尊氏はそれに逆らった極悪非道の逆賊と見なされた。異論は許されず、少しでも尊氏に同情すれば、大臣の首さえ飛ぶ時代だった(昭和九年、商工大臣の中島久万吉《くまきち》が、それを理由に軍部の圧力で辞任に追い込まれた〔佐藤進一ー一九六五〕)。

『大日本史料』も、実はそうした流れの産物という側面があった。『大日本史料』は、九世紀末の宇多《うだ》天皇の時代に始まって、前近代のすべてをカバーする史料集として企画されたが、時代順に作られてきたわけではない。そして最初に作られたのは六編という、まさに後醍醐天皇の建武政権樹立から始まるパートだった。そうして後醍醐の精神を称揚することで、この史料集を作る目的(天皇礼讃)が、象徴的に宣言された(兵藤裕己ー一九九五)。

そうした存在意義を持つ『大日本史料』六編で、あるいは天皇に仕えるためだけに存在する宮内省が作る史料集で、忠君愛国を鼓吹する軍部が言論統制を盛大に行っていた時代に、後醍醐天皇の不祥事を包み隠さず公言できる可能性は、限りなく低い(なお、帝大は東京でも京都でも、筆禍《ひっか》事件で何度も教員が追放されて痛い目を見ていた)。放火で内裏が焼失するという不祥事の責任は、確たる証拠がなくても逆賊尊氏に押しつけてしまえ、と割り切られたのだろう。真実より権力への忖度《そんたく》を優先した、歴史の歪曲《わいきょく》である。

内裏焼失の真相を探る

繰り返すが、足利軍を放火犯だといい張れる材料は、信頼性が低い⑦の『太平記』だけだ。仮に、その記載を真実だと認めても、まだ歪曲がある。⑦が述べているのは、逃亡した後醍醐に付き従った側近たちの家に、足利軍が放火して、内裏に延焼したことだけだ。「足利軍が内裏に放火した」という理解は、『太平記』からも導けない拡大解釈である。

「足利軍が近所に放火して内裏を延焼させた」のなら、ほぼ同罪ではないか、という反論がありそうだ。しかし、それは史実だろうか。史実かどうか、どう確認できるだろうか。

実は、確認できる。その鍵は、奇《く》しくも『太平記』自体にある。正確にいえば、『太平記』の改竄《かいざん》の歴史の中にある。問題の部分は、後の時代に改竄されていた。放火があったのは事実だが、放火された場所も、そして放火犯の名も、書き換えられていたのだ。

現在、我々が『太平記』だと思って読んでいるテキストは〝流布本《るふぼん》〟と呼ばれ、数ある『太平記』の本文の中で、一番流布したものにすぎない。軍記物はすべて、写本が作られるたびに、写す者が書きたい物語や、想定読者が読みたい物語になるよう、派手に改変(増補・削除・改作)されてゆく。軍記物は、中世の武士社会では歴史として享受されたので、享受する側の先祖の扱いに様々な注文が入る。「うちの先祖を登場させろ/もっと活躍させろ/不名誉な記事を削れ」というのが大半だ。軍記物には「勢揃《せいぞろえ》」という、軍勢の参加者の名前をひたすら列挙するだけのパートがよくある。その戦争に(正義の側として)先祖が参戦した証拠として、子孫の名誉や就職活動に直結するので、需要があったのだ。

軍記物は、写された時代が下るほど多くの改変に晒《さら》され、そのたびに内容は史実から遠ざかる。流布本とは、そうした改変のなれの果てであって、原作者が書いた原本からは遠く逸脱している。そのため、歴史学の材料として軍記物(を含む文芸作品)を扱う場合、そうした改変が最も少ない〝古態本《こたいぼん》〟(原本の姿をとどめる古い本)を探さねばならない。

『太平記』にもいくつかの古態本が発見されており、その一つに、現在、京都の龍安寺《りょうあんじ》が所蔵している西源院本《せいげんいんぼん》『太平記』がある。書写された(つまりその本文が成立した)のは室町時代初期の応永《おうえい》年間(一三九四~一四二八)で、『太平記』が扱う時代に極めて近い。

その西源院本では、後醍醐の京都脱出・比叡山入りに、名和長年《なわながとし》が随行した場面が描かれる。名和長年は、隠岐を脱出した後醍醐を最初に迎え入れて保護し、大きな信頼を得て後醍醐の側近となった山陰地方の豪族である。その彼が後醍醐の京都脱出に随行したというのは、流布本にない独自の場面だ。

それによれば、名和長年はさっさと逃れる後醍醐の一行に随行してはみたものの、再び京都に戻り、一つの仕事を果たしてから後醍醐のもとへ再度駆けつけた。その仕事とは何か。西源院本の本文に、次のようにある。

⑧「「敵の馬の蹄《ひづめ》にかけさせんよりは」とて、内裏に火をかけ、今路越《いまみちごえ》に東坂本へぞ参ける」

現代語訳は不要だろう。名和は、内裏に放火したのである。動機は、「敵の馬蹄《ばてい》に蹂躙《じゅうりん》させて天皇の恥辱となるくらいなら、焼き払って消滅させてしまおう」という理由だった。

これは「自焼《じやき》」という、中世の合戦の常套手段だ。拠点を放棄する時に、自ら放火して消滅させる戦術である。目的はいくつかあるが、逃げずに自害する場合は、自害した後の死骸・首を焼くためだ。死んだ確証を敵に与えず不安を煽《あお》り、そして首や死骸を無様《ぶざま》に晒《さら》されて不特定多数から恥辱を受けないためである。撤退して逃げる場合は、逃げた痕跡を見られて嘲笑される恥辱を避けるためと、その拠点を敵に活用させないために自焼する。

今回の場合は後者だ。逃亡した直後に誰の仕業ともなく拠点が焼けたなら、まず自焼と見るのが中世の常識である〈余談だが、京都を焼き尽くした応仁の乱では、実は火災の大部分が敵の放火ではなく自焼によるものだ〉。西源院本『太平記』の右の描写は、当時の合戦のあり方に照らして極めて自然であり、史実だった可能性が高い。

書き換えられた『太平記』と近代の御用歴史学の闇

では、それを信頼できる記録から裏づけられるか。実は可能だ。先の④と⑥に、〈後醍醐が比叡山に脱出すると、「則《すなは》ち」内裏が焼けた〉と書いてある。「すなはち」は「即座に」を意味するので、「後醍醐が脱出するや否やすぐに内裏が焼けた」のだ。その脱出と炎上の間の、なきに等しい短時間に、足利軍が割り込んで放火した可能性は、極めて低い。

何より、⑥の『神皇正統記』には「足利軍が京都に近づいてきたので、後醍醐は比叡山に逃れ、即座に内裏が焼けた」とあって、一連の出来事の間に「足利軍が京都に入った」という記述がない。内裏が焼けた時、足利軍はまだ京都に入っていなかったのである。

問題はその信憑性だが、極めて高い。『神皇正統記』の作者は、この時代を生きた北畠《きたばたけ》親房《ちかふさ》だ。そればかりか、彼は後醍醐の側近にして最大のブレインであり、この後、後醍醐の南朝に属して、八面六臂《はちめんろっぴ》の大活躍をする。彼は、この後醍醐の京都脱出を眼前に見たばかりか、一緒に脱出した当事者であり、超一級の目撃情報にほかならない。

しかも、周知の通り、『神皇正統記』とは、後醍醐がいかに正しく、足利がいかに間違っているかを、同時代や後世の人々にアピールするために書かれたプロパガンダ歴史書である。彼には、悪い出来事をできるだけ足利のせいにして、後醍醐を正当化したい動機がある。そして、足利の悪事は強調したくてたまらず、隠す動機が何もない。その彼さえもが、「足利軍が京都に近づいた段階で内裏が焼けた」という。信頼すべきである。

失火だった形跡はない。京都が敵に蹂躙される前後の騒然とした状況下であり、西源院本『太平記』に明記されたように、放火と見てよい。その放火が足利軍の仕業であり得ないなら、同じく西源院本『太平記』に明記された通り、後醍醐軍の仕業と見るしかない。

ならば、はっきりしていることがある。内裏を勝手に焼き払うのは、極刑に値する謀反以外の何ものでもなく、名和であれ誰であれ、独断で行うはずがない。名和から後醍醐に進言したか、後醍醐自身の発案か、いずれにしても後醍醐の許諾を得てから、放火したに決まっている。つまり、富小路殿という内裏を焼き払ったのは、後醍醐の意思である。

北畠親房は、それを知り得る立場にいたはずだ。それなのに、誰が焼いたかを『神皇正統記』に書かなかった。放火が天皇自身の指示だったという事実をぼかし、後醍醐の名誉を守るための情報操作だろう。それでも彼は、足利軍を放火犯だと名指しで非難するという、史実の歪曲を犯さなかった。そこに、歴史叙述家としての彼の良心のラインがあった。

後に『太平記』を書き換えた者には、その良心がなかった。名和長年のエピソードはごっそり削られ、放火の罪を足利軍に着せる文章が捏造《ねつぞう》された。その改竄がいつ行われたかはわからない。ただ、その改竄は、近代日本の言論統制のもとで、後醍醐を聖人、尊氏を悪の権化として描こうと決めた政府(系)機関にとって、大いに役立った。あのレベルの優れた史料集を作った優秀な担当者が、問題の流布本『太平記』の危うさに気づかなかったとは、到底信じられない(何しろ、西源院本もそれらの史料集に載っているのだ)。彼らはその歪曲に気づかぬふりをして、歪曲の再生産とさらなる流布に、手を貸したのだろう。

三種の神器も偽物だらけに

幕府が苦労して献上した根本内裏は、またしても天皇の都合で焼かれた。尊氏軍は京都で後醍醐軍の迎撃に敗れ、瀬戸内海を横断して九州まで落ち延びた。後醍醐は比叡山を下り、廷臣の花山院家定《かざんのいんいえさだ》の邸宅「花山院《かざんのいん》」を仮皇居とした(『元弘日記幷裏書』建武三年二月一三日条、『続史愚抄』同年二月五日条)。花山院は、一条家の邸宅「一条室町殿《どの》」と並んで、洛中で「礼儀(古式の正式な儀礼)」が行える、ただ二つの邸宅の一つだった(『園太暦』文和四年二月一三日条)。後醍醐は直後に延元《えんげん》元年と改元したが、足利勢力は「建武」年号を使い続けた。

尊氏は九州で態勢を立て直して京都を目指し、摂津国《つのくに》の湊川《みなとがわ》の合戦で楠木正成《くすのきまさしげ》を敗死させた。これで後醍醐勢力から強い指揮官が消え、尊氏軍は京都を奪回する。後醍醐は再び比叡山に逃れたが、五ヶ月ほど睨《にら》み合った末、建武三年(一三三六)一〇月に気力が尽きて投降した。後醍醐は花山院に幽閉され、三種の神器は没収されて光明《こうみょう》天皇に渡された。

光明天皇は、光厳《こうごん》上皇の弟である。足利勢力は光厳上皇に連絡を取って、「後醍醐勢力を倒せ」という院宣《いんぜん》(上皇の命令書)を入手していた。光厳上皇の院政が始まったことにしたのであり、これが北朝の始動である。院政には形式的に天皇が必要なので、光明が擁立された。践祚した時は神器がなかったが、この時に獲得して正真正銘の天皇になった。

後醍醐はこれを、独善に満ちた詐欺で乗り切ろうとした。二ヶ月後、幽閉所を脱出して大和《やまと》の吉野《よしの》に逃れると、「光明に渡した神器は偽物だ。本物は朕の手もとにある」と主張し、なお自分が正統な天皇だと主張したのである(『園太暦』正平六年一二月二二日条)。

しかし、これはおかしい。というのも、実は後醍醐は、足利軍に投降する直前、息子の皇太子恒良《つねよし》親王に譲位し、ほぼ間違いなく三種の神器を授けて、新田義貞に預けて落ち延びさせていたからだ(『南北朝遺文東北編』二五五)。以後、恒良と後醍醐は合流していない。それなのに「後醍醐の手もとに本物の神器がある」というなら、恒良に渡したものは偽物ということになる。ただ、渡した動機は、もはや避けられない足利軍への投降を前に、本物の神器だけは奪われないための措置に違いなく、その必死度から見て本物だった可能性が高い。

偽物を「本物だ」といって恒良に渡した可能性もゼロではないが、いずれにせよ、確かなことがある。後醍醐は恒良をペテンにかけ、切り捨てたのだ（譲位さえ、なかったことにした）。息子に対してさえ、これである。後深草系の光厳・光明や社会に対してペテンを仕掛けるのは朝飯前だった。こうした詐謀を繰り返した結果、当然の結末が待っていた。何が本物の三種の神器か、誰にもわからなくなってしまったのだ。

一六年後の正平《しょうへい》七年（一三五二）、南朝が京都を襲って勝利し、北朝の神器を奪取する（後述）。その時、北朝の神器を、偽物ならば廃棄すべきなのに、「偽物でも本物と信じて使われた以上、捨てられない」という奇妙な理屈で、大切に保存したのは、そういう事情による。そして、南朝にあった（自称）本物と混ぜられ、さらに何が何だかわからなくなった。

後に、足利義満は南朝を吸収合併した時、速やかに神器を回収した。本物だった可能性が否定しきれないからだが、それらはすべて偽物だった可能性が高い（本物は恐らく恒良に託したもの）。そして、天皇以外で（多くの天皇でさえ）三種の神器の実物を見た者はなく、そもそも何が本物なのか、鑑定できる者が誰もいない。それらの神器は、よくわからないまま現代まで受け継がれ、令和元年（二〇一九）五月一日、「剣璽等承継《けんじとうしょうけい》の儀」で、退位した天皇から皇太子徳仁《なるひと》親王に引き渡される様子がテレビ中継された。その神器のかなりの部分は間違いなく偽物で、一つも本物が残っていない可能性さえ十分ある。

内裏を躊躇なく犠牲にした後醍醐は、最後に三種の神器さえも犠牲にして、天皇家に大きな傷を残した。もっとも、皇位継承を正当化するのは最終的に世論であり、(その後の北朝・南朝の歴史がそうだったように)三種の神器の有無は、あまり関係ない。日本史や日本文化を少しでも本気で学ぼうとする人にとって、このことは頭の片隅に入れておく価値がある。

第四部　それでも武士は内裏を護る——覇者たちが愛した京都

第十一章　南北朝の動乱と土御門内裏の成立——京都御所の誕生

土御門内裏——京都御所につながる根本内裏の最終形

後醍醐の都落ちによって、もちろん、大内裏再建どころの話ではなくなった。後醍醐にとって、もはや皇居の問題は〈日本全国のどこの田舎に住めば安全か〉というレベルの話になり果てた。そして京都を押さえた北朝、つまり後深草系の天皇たちは、もちろん後醍醐のような誇大妄想を抱かず、以後二度と、誰も大内裏の再建を話題にしなくなった。

しかし、根本内裏の富小路殿も、後醍醐が焼いてしまった。北朝では当然、内裏の確保が問題になった。実際問題として、南朝との緊張関係が続く中、果てしない戦乱に疲労を募らせる武士に負担させて、立派な内裏を造営することはできない。

建武《けんむ》三年(一三三六)一二月、三種の神器を渡された時に、戦災を避けて東寺に仮住まいしていた光厳《こうごん》上皇は、翌一二月に持明院殿《じみょういんどの》に入った。後深草系の院政の拠点として当然の選択だ。一方、光明天皇は摂関家の一条経嗣《つねつぎ》の一条室町殿《どの》を仮住まいとした。そこは花山院とともに、天皇の仮住まいに使えるほど立派な、希少な邸宅だったからだ（一八三頁）。そして、翌年の建武四年九月二日、歴史的な転換の日が来た。天皇が土御門殿《つちみかどどの》に移ったのである。なぜ歴史的かといえば、以後、土御門殿が根本内裏として完全に定着し、二度と動かずに五世紀後の明治維新まで存続し、そのまま今の京都御所になったからだ。

土御門殿は、その名の通り、土御門大路（ほぼ今の上長者町通《かみちょうじゃまちどおり》）の北、東洞院《ひんがしのとうい》大路（今の東洞院通《ひがしのとういんどおり》）の東にあった。「土御門東洞院殿《つちみかどひんがしのとういどの》」とも呼ぶが、通常は「土御門殿」と呼び、内裏としては「土御門内裏」とも呼ぶ。北が正親町《おおぎまち》小路（今の中立売通《なかだちうりどおり》）なので、鎌倉時代には「正親町殿《おおぎまちどの》」とも呼んだ。本書では、土御門殿か土御門内裏と呼ぼう。

土御門殿は、何の脈絡もなく根本内裏になったわけではない。鎌倉時代から、後深草系の天皇が何度も活用してきた歴史がある。その歴史を、簡単に振り返っておこう（川上貢−一九五六、桃崎−二〇一〇）。

土御門内裏の前史

この邸宅が貴人の御所に使われる歴史は、平安末期に遡《さかのぼ》る。長承《ちょうしょう》二年（一一三三）、前関白藤原忠実《ただざね》の息女泰子《やすこ》（高陽院《かやのいん》）が鳥羽上皇の後宮に入る時、泰子の御所として整備されたのが始まりだった。半世紀後の平家全盛期には、ここに平家与党の有力な廷臣だった藤原邦綱《くにつな》の邸宅が営まれ、仁安《にんあん》元年(一一六六)に六条天皇、治承《じしょう》元年(一一七七)に高倉天皇の里内裏として、短期間ながら使われた。土御門殿の里内裏としての歴史は、ここに始まる。

その後、この地は後白河法皇(六条の祖父、高倉の父)に領有され、彼の没後は娘の宣陽《せんよう》門院《もんいん》(覲子《きんし》内親王)へと伝えられ、敷地の北半分に彼女の御所が営まれた。一方、敷地の南半分には、天皇家の仏教施設があった。その施設は、かつての後白河法皇や当時の院が御所に使った六条殿《ろくじょうどの》に付随する、「長講堂《ちょうこうどう》」という仏教施設と一体的に管理された。

長講堂は、後白河の持仏堂《じぶつどう》から発展した仏教施設で、六条西洞院《にしのとういん》にあり、後白河を弔うための仏事が毎年恒例で行われたが、何度か火災で焼けた。焼けた時には「正親町殿」、つまり宣陽門院の土御門殿の南半分にある仏教施設が、仏事の会場として代用された(『続史愚抄』文永一二年二月二七日条)。その施設には、寛元《かんげん》三年(一二四五)に堂舎が整備された時に、同じ「長講堂」という名が与えられた(『百練抄』二二月一六日条)。一つの仏教施設「長講堂」が、地理的に分断された二ヶ所に成立したのである。六条西洞院の本来の長講堂は「六条長講堂」と呼ばれ、新しい長講堂の方は〝サブの長講堂〟のようになった。

その長講堂は、後白河から宣陽門院が相続した所領群と結合され、「長講堂領」という膨大な所領群が天皇家の中に成立した。建長《けんちょう》三年(一二五一)、晩年の宣陽門院は(翌年死去)、長講堂本体と長講堂領を後深草天皇に譲った。長講堂で後白河の追善供養を行う責務も込みで譲られたので、以後、後深草系は長講堂と密接な関係を保つことになった。

建治《けんじ》三年(一二七七)、六条長講堂が何度目かの火事で焼失した時、後深草上皇は、二ヶ所に分かれていた長講堂を、一つに整理統合することにした。焼け残った堂舎を、土御門殿の南隣の長講堂に移築し、焼失した堂舎もそこに再建して、弘安《こうあん》二年(一二七九)に完成した(『続史愚抄』三月六日条)。以後、六条の長講堂は復興されず、統合された長講堂は「新長講堂《しんちょうこうどう》」と呼ばれ、長講堂といえばこちらを指すようになった。

土御門殿と長講堂は、後深草からその側室・西園寺相子《すけこ》(公相《きんすけ》の娘)に譲与され、相子から娘の陽徳門院《ようとくもんいん》(瑛子《えいし》内親王)に相続された。この間、土御門殿も長講堂も、後深草系の治天が代々管理した。そして延慶《えんぎょう》元年(一三〇八)、土御門殿が大きな役割を果たし始める。後深草の孫の花園天皇が、史上初めて、この土御門殿で践祚《せんそ》(皇位継承)したのである。

花園は普段、別の内裏に住んだが、しばしば方違《かたたがえ》行幸《ぎょうこう》(陰陽道の悪い方角を避けて遠回りする行幸)で土御門殿を訪れ、文保《ぶんぽう》二年(一三一八)の後醍醐天皇への譲位もここで行った。

嘉暦《かりゃく》元年(一三二六)、皇太子になった量仁《かずひと》(光厳《こうごん》天皇)は、後伏見上皇・花園上皇とともにまずこの「陽徳門院の土御門東の洞院殿」で盛大に披露イベントを行い、病死した邦良《くによし》(元皇太子。亀山系)の関係者を悔しがらせた(『増鏡』春の別れ)。北朝(後深草系)の天皇が土御門殿を皇居としたのは、後深草系を象徴するこれらの来歴と実績があったからだ。

未遂に終わった内裏再建計画①――暦応二年

土御門内裏は、戦乱直後で根本内裏がない天皇がとりあえず入居した仮皇居にすぎなかった。閑院や富小路殿のような、大内を模した内裏専用邸宅でもなく、長く皇居として使える設備が整っていない。北朝は、速やかに根本内裏を再建する必要があった。

光明が入居した前年の建武二年(一三三五)秋までに、尊氏・直義兄弟が室町幕府を立ち上げていた。当然、造営事業は室町幕府が担うべきだったが、何しろ彼らは戦争中だった。以後の数年間は南北朝時代の最初の激戦期で、幕府に根本内裏を新築する余裕は少しもなかった。それは、南朝に対して圧倒的優勢に立ち、小康状態が訪れてからの仕事だった。

南朝では、新田義貞や北畠顕家などの有力者が次々と戦死し、延元《えんげん》四年(北朝の暦応《りゃくおう》二年、一三三九)八月には後醍醐も吉野で病死して、北朝・幕府を倒す力も、京都を奪回する力も失っていた。後醍醐の子の後村上《ごむらかみ》天皇が後を継いだが、南朝は早くも虫の息だった。

もう激戦期は一段落した、と幕府は認識したのだろう。後醍醐の死から三ヶ月後の暦応二年(一三三九)一一月下旬、幕府は土御門内裏の修理に着手した。ただ、工事中に持明院殿に移った光明天皇は、翌一二月の下旬には土御門内裏に戻っているから、一ヶ月程度で済む応急修理にすぎなかったようだ(『続史愚抄』一一月二〇日条、一二月三〇日条)。

実はこの時、かつての「万里小路殿《までのこうじどの》」の場所に本格的な内裏を再建しよう、という決議が朝廷であった(『師守記』貞治四年三月八日条)。万里小路殿というのは、「大炊御門《おおいのみかど》万里小路殿」とも呼ばれた、亀山系の本拠地「大炊御門殿」のことだろう(一〇四頁)。しかし、幕府には全面再建する余力がなく、この決議はいつの間にか流れた。応急修理しか施されない土御門内裏も、劣化が進んだ。六年後の貞和《じょうわ》元年(一三四五)までには、築地が崩壊して悲惨な有様になり(『園太暦』七月一九日条)、耐久度が限界近くなっていた。

未遂に終わった内裏再建計画②——貞和三年

幕府が土御門内裏の本格的な改築に乗り出したのは、一二年後の貞和三年で、土御門内裏の使用開始からすでに一一年も経っていた。翌年の、光明天皇から甥の崇光《すこう》天皇(光厳の子)への譲位が日程に上ったため、譲位を機に内裏を整備したかったのだろう。

幕府は、かつての根本内裏だった富小路殿の図面を朝廷(北朝)から入手したが、二つの難問があって計画は難航した。一つは、富小路殿の構造の修正で、不便だった部分はこれを機に造り替えねばならない。もう一つは規模の変更で、敷地の面積や形に合わせて、建物のサイズを変えねばならない。そのためには、何を、何のために、どの程度増減するのかを、全体プランを見通しながら検討せねばならない。

　これは簡単ではなかった。土御門内裏がある区画(土御門の北、東洞院の東、正親町の南、高倉の西)は、北半分の内裏と、南半分の仏教施設「長講堂」に分かれており、内裏部分の敷地面積は半町(一町の半分。約一二〇m×六〇m)しかない。かつての閑院内裏は二町あり、その半分しかない富小路殿を造る時さえ、清涼殿以外を思いきって縮小しなければならなかった(一四一頁)。土御門内裏には、さらにその半分の面積しかない。あまりに縮小しすぎると、内裏として使い物にならない。重要な空間・建物の大きさをできるだけ保ち、そのためにほかの空間・建物のどこを犠牲にするか、バランスの落としどころが難しく、上層部の廷臣は慎重に議論した(『園太暦』七月三日条、九日条、九月六日条)。

　翌年の貞和四年五月、朝廷は内裏造営の総責任者と事務責任者を定めたが(『園太暦』五月一五日条)、すぐに光明天皇は不安になった。過去の多くの内裏造営で、事業開始から完了までに何年かかったかを、調べさせたのである(『園太暦』七月二一日条)。造営に何年まで費やしてよいかを確かめたのであり、それほど完成の目途が立たなかった、ということだ。実際、この計画はその後、進捗《しんちょく》した形跡がなく、立ち消えになった。幕府の財政状態が、まだ内裏造営に堪えられる水準に達しなかったからだろう。この頃の朝廷では、恒例・臨時の年中行事(儀礼)の費用を全く自前で調達できず、すべて幕府に依存していた。

幕府はその提供で手一杯で、しかも、まだ南朝との戦争が終わっていない。

四ヶ月後の貞和四年九月、いよいよ崇光に譲位される直前に、関白左大臣の二条良基《よしもと》は、光厳上皇にこう進言している。「土御門殿が「始終《しじゅう》の皇居」として用いられることになっているのだから、譲位の場所は、院御所の持明院殿でもどこでも、別の場所を用いるのがよいでしょう」と(『園太暦』九月二三日条)。彼がそう述べたのは、鎌倉時代までに、〈譲位は普段使いの内裏と違う場所で行う〉という慣行ができていたからだ。次の崇光天皇の普段使いの内裏にも、従来通り土御門殿を用いることが、すでに既定路線になっていたことがわかる。北朝は、本格的な根本内裏の再建を、またしても諦《あきら》めさせられていた。

観応の擾乱と北朝の再建

そうこうしているうちに、翌年の貞和五年(一三四九)から、幕府は大混乱に見舞われる。兄の尊氏から政務を譲られて政治を取り仕切っていた執政の直義《ただよし》が、尊氏の執事《しつじ》(家政機関の長)の高師直《こうもろなお》と激しく対立し、幕府が直義派と師直派の真っ二つに割れて戦争する観《かん》応《のう》の擾乱《じょうらん》へと突入してしまったのだ。

師直は観応二年(一三五一)に殺されたが、反直義派は将軍尊氏をリーダーに祭り上げ、内戦は続いて、文和《ぶんな》元年(一三五二)に直義が没するまで終わらなかった。この戦争で幕府は内裏造営どころではない、というより誰が〝幕府〟なのかもわからなくなったし、そもそも内裏造営を企画した幕府の主導者は直義だったから、直義が滅んだ段階で、計画は完全に立ち消えになった。

そればかりか、正平《しょうへい》六年（北朝の観応二年、一三五一）の末から翌七年の初め頃、内戦の最終局面に、彼らは収拾不能の混乱をもたらした。まず、直義が尊氏派と対抗するため、南朝に降参した。幕府の内紛はここに南朝と結合し、死に体《たい》だったはずの南朝は一挙に力を盛り返した。直義は、かつて建武政権の頃に根拠地にした鎌倉に逃れ、尊氏は息子の義《よし》詮《あきら》に京都の留守を任せ、直義討伐のため鎌倉に向かった。しかし、主力が京都を留守にすれば、南朝が京都を狙う。それを防ぐため、何と尊氏までが南朝に降参した。一時しのぎの偽りの降参だが、これで足利氏に担がれた北朝は支持基盤を一瞬で失い、消滅した。

南朝は尊氏の降参を信じておらず、尊氏が京都を離れるや否や、京都を襲撃した。光厳上皇・光明上皇と崇光天皇、そして皇太子の直仁《ただひと》《なおひと》親王（花園上皇の皇子だが、実は光厳上皇が密通して生ませた子）の四人は、南朝に拉致《らち》されて京都から連れ去られた。南朝が「偽物だ」と主張する、北朝の三種の神器が持ち去られたのも、この時である。

留守を預かる義詮は、何とか巻き返して南朝を京都から駆逐したが、北朝の建て直しは困難を極めた。天皇も皇太子も拉致されて不在、三種の神器もなく、次の天皇を指名できる上皇もいない。目先の自己都合で北朝を見捨てて南朝に蹂躙《じゅうりん》させた結果であり、身勝手な自業自得でしかないが、それでも足利親子に頼る以外に北朝の存立はあり得ないので、北朝関係者は協力した。義詮は、光厳の皇子を探し出し、祖母で六一歳になる広義門院《こうぎもんいん》(西園寺寧子《ねいし》)を引っ張り出して彼を天皇に指名させ、〝群臣による推戴《すいたい》〟というはるか古代の皇位継承の論理を先例として持ち出し、一五歳の彼を天皇に立てた。後光厳《ごこうごん》天皇である。

京都に安住できない後光厳天皇

直義一人が滅んでも、内戦は鎮静化しなかった。直義派の大名たちが南朝と組んで幕府と戦争を続け、しばしば京都を脅かしたからだ。直義派の盟主には、直義の養子・直冬《ただふゆ》がいた。彼は尊氏の実子だが、尊氏からは憎み抜かれ、彼も尊氏を憎み抜いた。彼のもとに、山陰地方の山名時氏《やまなときうじ》、越前《えちぜん》の斯波高経《しわたかつね》、越後《えちご》の上杉憲顕《うえすぎのりあき》、越中《えっちゅう》の桃井直常《もものいただつね》、また石塔頼房《いしどうよりふさ》・吉良満貞《きらみつさだ》などの足利一門や、周防《すおう》・長門《ながと》の大内弘世《おおうちひろよ》など、錚々《そうそう》たる有力大名が集っていた。

彼らの攻勢は凄まじい。文和《ぶんな》二年(一三五三)には、南朝の楠木正儀《まさのり》(正成の子)と連合した山名時氏・石塔頼房・吉良満貞らの大軍が京都を攻撃し、京都を守る義詮(尊氏はまだ鎌倉にいた)は後光厳天皇を比叡山へ逃れさせたあげく、美濃《みの》まで天皇を連れて逃走した。

前近代に生まれた天皇で美濃に足を踏み入れたのは、飛鳥時代(七世紀後半)の天武《てんむ》天皇と、明治維新(一九世紀後半)で東京に移住する時の明治天皇と、後光厳だけだ。二年後の文和四年にも、足利直冬・山名時氏・石塔頼房らが中国地方の大軍を率いて京都を攻め、またも後光厳は京都を逃れて近江《おうみ》へと逃走させられ、二ヶ月間も帰れなかった。

尊氏が没して義詮が将軍職を継いだ三年後の康安《こうあん》元年(一三六一)にも、南朝軍と連合した細川清氏《きようじ》の軍が京都に迫り、義詮は三たび後光厳を連れて近江へ逃避した。後光厳が一ヶ月後の康安二年二月に京都に戻った時、戦争であまりにひどく荒廃した土御門内裏に入れず、最低限の修理を施すまでの三ヶ月間、比叡山や西園寺実俊《さねとし》の別荘「北山殿《きたやまどの》」を転々とせねばならなかった(『皇年代私記』二月一〇日条、『大乗院日記目録』四月某日条)。内裏の再建どころか、後光厳は京都に安住することもできない状況にあったのである。

誰が室町幕府を創ったか――観応の擾乱の最終決着

問題は結局、直義派との決着にあり、つまり観応の擾乱の総決算にあった。幕府の最も有力な大名たちが直義派で、彼らを屈服させることは不可能なので、和睦するしかない。

実は、直義派たちにも、本気で将軍や幕府を潰《つぶ》すつもりはない。何しろ、彼らこそ室町幕府を創った原動力だったのだから。鎌倉幕府を裏切る時も、後醍醐から離反する時も、尊氏は優柔不断で決断できなかった。その背中を押したのは、意欲に燃える直義と、彼を盟主として足利幕府を創りたいと願った足利一門だった。将軍尊氏がありながら、弟にすぎない直義の人望が篤《あつ》くて幕府が割れてしまうのは、一見、不思議に見える。しかし、直義と足利一門こそ室町幕府を創ったのだ、という事実さえわかれば、不思議でも何でもない(詳しくは前著『室町の覇者 足利義満』を参照されたい)。

直義という盟主を侮《あなど》り、直義と自分たちで創った幕府を、将軍の側近政治という形で侵蝕する、足利氏の根本被官《こんぽんひかん》(先祖代々の従者)にすぎない高師直は、彼らの敵だった。師直が死んでも、直義の執政の地位は尊氏の未熟な息子・義詮に引き継がれた。直義派が創った幕府を、つまり彼らの多大な犠牲の成果を、ぽっと出の将軍の息子が奪い取り、将軍親子に都合よいように直義の政権を造り替えてゆくなら、将軍親子も敵だった。

最大の問題は、直義の幕府を創り上げるために彼らが払った犠牲と成果だ。彼らはほぼ単身で全国に派遣され、自助努力で各地の武士を味方にし、敵を制圧した。彼らはその多大な労力に報いられる資格があり、しかも戦争を通じて現地で濃密な上下関係を形成していた。足利一門の大名たちは、その地域を自分で勝ち取った自分のものと信じ、将軍からありがたく頂戴したとは考えていない。現実にその通りで、彼らが将軍と対立すると、根拠地の国、たとえば斯波高経なら越前が、そのまま直義派の国として幕府から離脱した。

内乱の終局で、直義は降伏してからすぐに死んだ。この流れに乗って講和してしまうと、直義派の諸大名も降伏したことになり、右の強大な既得権（特に守護の地位）を剝奪される可能性が高い。したがって〝直義の降伏〟という段階では絶対に講和できない。直義派の諸大名は、降伏ではない対等な和平、既得権をすべて保証され何も失わない和平に持ち込むため、交渉材料として戦い続けた。

もちろん、相手が将軍である以上、〝降参して罪を許される〟という形になるが、問題は実質だ。かつての既得権に加えて、戦争中に実力で切り従えて制圧した国々の守護職という実利さえ確保できればよかった。彼らをどうしても制圧できない幕府は、彼らの目論見通りに講和を結んでいった。

口火を切ったのは斯波高経で、文和五年（一三五六）正月に幕府に帰参した。二年後、尊氏の死去によって将軍職を継いだ義詮は、康安二年（一三六二）七月に高経の息子の斯波義将《しわよしゆき》を執事に任命し、父の高経に、一三歳の義将の後見という名目で全権を預け、幕府政治を完全に委任した。この〝執事の上に君臨する実質的な幕府行政の長〟を「管領《かんれい》」という、彼以後、次第に執事と混同されて、幕府のナンバー2を指すようになる。

高経が幕政の長となったことで、幕府は直義派の政権となり、残りの直義派の帰参を容易にする受け皿ができた。翌貞治《じょうじ》二年（一三六三）、上杉憲顕・山名時氏・大内弘世が相次いで幕府に帰参した。皆、かつての地位と、実力で確保した国々をそのまま義詮に認められ、ここに観応の擾乱の後始末は、直義派の実質的勝利という形で成し遂げられた。

貞治五年の土御門殿の応急修理

これでようやく幕府は有力大名たちを吸収し、平時が到来して、内裏再建に取り組む余裕ができた。二年後の貞治四年(一三六五)、幕府は朝廷に内裏再建を提案し、再建場所の判断を委ねられた後光厳は、重臣たちと評議した(『師守記』六月五日条)。議論の余地があったのならば、土御門内裏をそのまま存続させることが自明でなかったということだ。

驚くべきことに、後光厳は少し欲張った。かつての「歴代の皇居」だった歴史を鑑《かんが》みて、閑院を再建するのがベストだ、と考えたのである。朝廷はまだ、閑院の規模の根本内裏を理想として憧《あこが》れ、諦めていなかったのだ。その一方、大内《おおうち》(大内裏の内裏)を再建しようという発想は、誰からも出なかった。この評議で大内に言及したのは前関白の近衛《このえ》道嗣《みちつぎ》だけで、彼も「大内の造営は、末代の国力では無理だ」とあっさり切り捨てている。

人々の意見は、閑院・富小路《とみのこうじ》殿・万里小路《までのこうじ》殿(大炊御門《おおいのみかど》殿)など区々《まちまち》で、朝廷は結論を出せなかった(『師守記』三月八日条)。そして翌貞治五年一〇月、後光厳は内裏修理のため、土御門殿を出て再び西園寺実俊の北山殿に仮住まいした(『吉田家日次記』)。結局、右の案はすべて却下され、現状の土御門内裏を修理するだけでしのぐことになったのである。しかも、土御門内裏に帰ったのはわずか一ヶ月後だった(『師守記』一一月四日条)。前回(一九二頁)と同様に、急場しのぎの簡単な修理で済まされてしまったのだ。

持明院殿の荒廃・消滅と柳原殿

内裏の問題は、まだましといえた。観応の擾乱は、持明院殿に計り知れない荒廃をもたらしたからである。持明院殿には、院政を敷く光厳上皇と弟の光明上皇が住んでいたが、正平の一統で、二人とも南朝に拉致された。持明院殿には、広義門院と徽安門院《きあんもんいん》(花園の皇女。崇光・後光厳の養母)の、二人の女性が取り残された。しかも、拉致の翌年の文和二年(一三五三)に、持明院殿は放火されて焼け、二人の女性も近隣の菊亭《きくてい》(西園寺一族の今出《いまで》川《がわ》家の邸宅)に脱出した(『園太暦』二月四日条)。

持明院殿は後深草系の院政の拠点なので、院政を敷く上皇がなければ、修築する理由がない。その上皇たちを、南朝は数年間、解放しなかった。光明上皇は文和四年に解放されて京都に戻ったが、出家して、以後二度と政治には関わらなかった。光厳上皇・崇光上皇・直仁親王は二年後の延文二年(一三五七)に解放されたが、軟禁中に出家していた光厳は京都に入らず、京都近郊を流浪し、丹波の山国荘《やまぐにのしょう》に隠棲して晩年を終えた。

崇光は解放されると京都南郊の伏見殿《ふしみどの》に入り(『園太暦』二月一九日条)、二年後の延文四年に京都に戻って、今出川家の菊亭に入ったが、そこは「暫《しばら》く」の仮住まいだった(『園太暦』三月二九日条)。そして応安《おうあん》元年(一三六八)、崇光は北隣の室町第《むろまちてい》に移住する(『崇暦』二月五日条)。後に述べるが、そこは幕府から献上された邸宅で、後にまた返却されて幕府の本拠地となり、室町時代の由来となった「花御所」にほかならない。

かくして、拉致された上皇たちは、解放されても持明院殿に入らなかった。文和二年に焼けた後、持明院殿は真実、無人になり、速やかに荒廃していった(『砂巌』五—安楽光院事)。その結果、北朝がいざ院政を再開しようとした時に、拠点がなくて困った。

応安四年(一三七一)、後光厳は息子の後円融《ごえんゆう》天皇に譲位して院政を開始したが、火事から一八年も放置された持明院殿はもはや使用不能で、再建する財力は幕府になかった。後光厳はやむを得ず、持明院殿の東隣にある「柳原殿《やなぎはらどの》(柳原第《てい》)」を院政の拠点にした。

柳原殿は、鎌倉末期から南北朝初期にかけて後深草系(北朝)に仕えた日野(柳原)資明《すけあき》の邸宅で、彼の子孫はここを拠点としたので「柳原家」と呼ばれた。資明が柳原殿を新築したのは、後光厳の譲位から三〇年あまり遡《さかのぼ》る暦応《りゃくおう》年間(一三三八〜四二)だった(『仲光卿記』応安四年三月二一日条、『続史愚抄』永和三年二月一八日条)。それは南北朝初期、つまり持明院殿が役割を果たした最後の日々のことであり、持明院殿の存在が後深草系に仕える廷臣に京都北郊の開発を促した、最後の一花だった。

柳原殿は資明の子の忠光《ただみつ》が相続していたが、後光厳はこれを借りて譲位の儀礼を行った。そこは平安京外なので「城外《じょうがい》」と呼ばれ、「城外」の御所で譲位の儀礼を行うのは、平安遷都以来、初めてだった（『後深心院関白記』三月二六日条、『皇年代略記』三月二三日条）。もちろん後光厳の本意ではなかったが、もはやそこしか、そうした儀礼を行える邸宅はなかったのだ。柳原殿はそのまま後光厳が借り受けて終生の御所とし、三年後に没した後、柳原家に返却された（『続史愚抄』永和三年二月一八日条）。そして持明院殿は存続を諦められ、永遠に消滅したのである。

第十二章　室町・戦国の乱世と土御門内裏——放火する天皇家と護持する武士

南朝の吸収合併を目指す義満の北朝支配

持明院殿の放棄も、土御門殿を応急修理だけで使い続けることも、朝廷の本望ではなかった。それは、幕府の財力が追い着かないという制約に縛られただけのことだ。内裏の復興は、要するに幕府の財源建て直しの問題である。

ならば、それをどう実現できるのか。室町幕府の資金調達は、大規模な土木工事の場合、大名に（守護として持っている国の数に比例して）まとまった金額を賦課《ふか》する。つまり、幕府の資金調達能力は、将軍の命令に従って納税する大名の数に比例し、したがって大名に対する将軍の権力の強さの問題になる。

最初の二代の尊氏・義詮親子の時、形式上は将軍が幕府の長だったが、直義派が極めて強力な大名連合を形成した。将軍は大名にとって、対立・戦争さえ辞さずに強気の交渉が可能な相手で、別の将軍候補と天秤にかけられる、一つの交渉相手にすぎなかった。

直義派の相次ぐ帰参で、義詮の政権は幾分《いくぶん》かましになったが、それはすべて義詮が譲歩した結果にすぎない。理由と機会さえあれば、大名たちはまたいつでも幕府から離反し、容赦なく将軍を揺さぶる。本格的な内裏の再建は、この幕府の仕組みを将軍が克服し、将軍が大名に対して圧倒的な権力を持たなければ、実現不可能だった。

この大名たちに、組織的反乱を容易にさせる仕組みがあった。北朝と対等な南朝の存在である。大名から見れば、まるで二大政党制のアメリカ合衆国議会のように、常に二つの朝廷が選択肢としてあった。今の朝廷（を担ぐ幕府）が気に入らなければ、もう一つの朝廷を選べばよいだけなのだ。この状態を壊さねば、将軍の権力は永遠に確立しない。

そのことに気づき、初めて本格的な改善に取り組んだのが、三代将軍義満《よしみつ》（義詮の子）だった。詳しくは別の本で述べたが（前著『室町の覇者 足利義満』）、彼は南朝の消滅こそ急務と考えた。南朝も朝廷なので、正面から力づくで潰《つぶ》すと世論の反発が予想され、幕府内部からも離反者が出るおそれがあって、どう足元を掬《すく》われるかわからない。南朝は、和平によって吸収合併するしかない。そして、南朝は天皇が率いる組織、幕府は天皇の臣（将軍）が率いる組織なので、形式上、対等な講和はあり得ず、幕府が南朝に降参する以外にない。

しかし、それは実力で優位な幕府のプライドが許さず、しかも北朝の消滅を招いて大混乱になるので、やはり賢明でない。講和は、北朝と南朝の間で対等に結ばれるしかなく、義満がそれを主導するには、義満自身が北朝の代表者になるしかない。

そこで義満は本格的に廷臣となることにした。永和《えいわ》四年（一三七八）に権大納言《ごんのだいなごん》・右大将《うだいしょう》となったのを皮切りに、三年後に内大臣、翌年に左大臣（太政官《だいじょうかん》の長）・内覧《ないらん》（関白と同じ権限）となって、あっという間に廷臣の頂点に上りつめた。

義満の「花亭」取得――室町で再出発する足利政権

その初段階にあたる永和四年に、義満は幕府（自宅）を移した。それまでの幕府は、土御門内裏からかなり南に遠い、四条大路に近い三条坊門殿《さんじょうぼうもんどの》だった。そこは、かつて滅んだ直義の自宅・政庁であり、直義の退場後に義詮がその地位（幕府の執政）とともに継承し、将軍になっても住み続け、義満へと受け継がれた邸宅だった。義満はそれを捨て、平安京外の北小路の北、室町小路の東に、新たな邸宅「室町殿《むろまちどの》」を造営した。

室町殿の元の持ち主は、室町季顕《すえあき》という西園寺一族の廷臣だった。将軍義詮は晩年、そこを季顕から買い取って山荘とした（『後愚昧記』永和三年二月一八日条）。山荘といっても平地にあるし、京中から二町しか離れていないが、京の外に別荘が欲しかったのだろう。そこは「今出川の山荘」「上《かみ》の山荘」「別業《べつごう》（別荘）の室町第《むろまちてい》」などと呼ばれ、何度か義詮が使った記録がある。

しかし、義詮の死後、義満や幕府はここに関心を持たず、手放して崇光上皇に献上した。それが、永和三年に火事で焼けてしまい、崇光は京都南郊の伏見殿御所《ふしみどの》へと出て行ったため、再建もされずに放置されていた。義満はこれに目をつけて崇光から返してもらい、自分の「室町殿」を造営することにした。

この室町殿こそ、いわゆる「花御所《はなのごしょ》」である。もっとも、義満の頃に「花御所」と呼んだ事例は極端に少なく(『後愚昧記』康暦元年閏四月一日条、永徳元年七月二三日条など)、圧倒的多数の記録には「花亭《かてい》」と書かれている。「亭」は廷臣の邸宅一般に用いる言葉だが、「御所」は極めて高貴な人物(通例は摂関家以上)の邸宅に限られる。西園寺家庶流の室町季顕の家は「御所」とは呼べないので、この家の名は元来「花亭」だったはずだ。

「室町殿」権力と相国寺の大仏・大塔

その花亭は、崇光上皇の住居としては必ず「花御所」と呼ばれている(『後愚昧記』永和三年二月一八日条、康暦元年閏四月一日条、『看聞日記』永享七年一一月二八日条)。逆に、それ以前は「御所」と呼ばれた形跡がない。室町季顕→足利義詮→崇光上皇と持ち主を変えた花亭は、上皇の住居になって「花御所」に格上げされた。そして、義満が右大将になった永和四年(一三七八)に摂関家と同等の家格を手に入れた結果、将軍家にも「花御所」の名を継承する資格が生まれ、以後、室町幕府の政庁の異名として受け継がれてゆく。

義満は右大将になった直後から室町殿(花御所)の整備に着手し、翌康暦《こうりゃく》元年(一三七九)、完成した室町殿から盛大な行列を従えて出発して、「拝賀《はいが》」を行った。前述の通り(六二頁)、拝賀は昇進した廷臣が義務として行う、天皇などに対する御礼参りである。義満は、この義務を逆手にとって、摂関家をはじめとする廷臣たちや幕府全体を巻き込む、大規模で豪華な行列を編成して京都を行進した。それによって、自分が従来の将軍とは違う、〝朝廷と幕府を一身に支配する新時代の最高権力者〟だとアピールしたのである。その自分の地位を、義満は新たな政庁である室町殿に象徴させ、〝室町殿の亭主〟という意味で「室《むろ》町殿《まちどの》」と呼ばせた(紛らわしいので、専門家は建物の方を室町第《むろまちてい》と呼ぶ)。

こうして単なる将軍から「室町殿」へと脱皮した義満は、さらに室町第の東隣に、相《しょう》国寺《こくじ》という巨大な禅宗(臨済宗)寺院を建立した。今も同志社大学の北に広がる相国寺は、宗教界に対する「室町殿」権力を象徴し、臨済宗寺院や僧を統轄する強大な世俗権力となって、権勢を謳歌《おうか》した。義満はその広大な敷地を確保するため、早速「室町殿」の強権を大いに振るい、多数の近隣住民を強制的に立ち退かせた(『荒暦』永徳二年一〇月三〇日条)。

そして、前代未聞の権力にふさわしい前代未聞の巨大建造物を造った。あまり知られていないが、至徳《しとく》二年(一三八五)に「相国寺大仏殿」が完成している(『続史愚抄』一二月一日条)。奈良の東大寺大仏殿と鎌倉に次ぐ、日本三番目の大仏を義満は造っていたのである。

極めつけは相国寺の「大塔《おおとう》」だ。明徳《めいとく》四年(一三九三)に着工し、六年も工事して応永《おうえい》六年(一三九九)に完成した七重塔である(『続史愚抄』明徳四年七月二四日条、応永六年九月一五日条)。何だ、五重塔より二層多いだけか、と思ってはいけない。その全高は三六丈《じょう》、つまり一〇九mもあった。南北朝初期まで、白河の法勝寺《ほっしょうじ》に、白河法皇が建造させた八角九重塔があったが、それさえ二七丈=八一mしかなかった(前著『平安京はいらなかった』)。

相国寺大塔のイメージを伝えるのは難しい。東京タワーの三分の一もある木造の塔だった、といえば伝わるだろうか。もし京都へ行く機会があれば、有名な東寺《とうじ》の五重塔を下から御覧いただきたい。あれでも十分に巨大だが、実は五六mしかない。義満はその倍の高さの塔を造ったのだ。また、京都駅前の京都タワーも御覧いただきたい。あれが高さ一三一mで、それより二〇mだけ低いのが相国寺大塔だ。そう考えながらそれらを下から見れば、存分に戦慄していただけると思う。

もっとも、それほどの高層建築に避雷針を取りつけなければ、どうなるかは想像に難くない。案の定、わずか四年後の応永一〇年に、相国寺大塔は落雷で全焼した(『兼宣公記』六月三日条)。懲《こ》りない義満は、すぐに自分の山荘「北山殿《きたやまどの》(今の金閣寺)」の横に七重塔を再建したが(『吉田家日次記』閏一〇月二五日条)、一三年後の応永二三年にそれも落雷で全焼した(『看聞日記』正月九日条)。

二年後に息子の将軍義持《よしもち》が再建事業を始めたが(『康富記』応永二五年九月九日条)、完成した形跡はない。さすがの「室町殿」権力も、彼の知らないところで世界を支配している電磁気学の法則には、敗れ去るしかなかった。

大内裏跡の最後の仕事——天神が加護する決戦場

そうした建築技術や自然法則への挑戦に比べれば、人間相手の政治は権力で押し切れるだけ、簡単だった。義満は強大な「室町殿」権力をこれでもかと京都で見せつけた後、満を持して本来の仕事に取りかかった。南朝の破壊と有力大名の制圧である。

これらは、一つの問題だった。とうの昔に、実力的には大和周辺の地方政権に成り下がっていた南朝が、いつまでも強気に抵抗を続けられる理由は、幕府に反抗的ですぐ南朝と提携する大名たちがいたからにほかならない。義満は、その代表格である山名氏を徹底的に叩くことで、そうした提携が今後二度と成立しないことを、諸大名と南朝の両方に思い知らせることにした。明徳二年(一三九一)、山名氏清《うじきよ》(時氏の子)を挑発して、孤立的な謀反《むほん》に追い込み、ほかの諸大名と総がかりで叩き潰《つぶ》した明徳の乱は、その成果である。

この乱で、意外な役割を果たしたのが「内野《うちの》」、つまり大内裏の跡地の荒野だった。京都に攻め上ってくる山名氏を迎え撃つために、義満が戦場に選んだのが内野だったのであり、その合戦を「内野合戦」という。内野は、東西約一・一㎞×南北約一・四㎞もの面積がある荒野で、市街地ではないため、大軍の運用が容易で、攻めるに易《やす》く守るに難《かた》い京都防衛戦の弱点（京都を守る側がほぼ必ず負ける）を克服できた。

内野は、後醍醐天皇の倒幕戦の頃から戦場として活用され始め、その便利さが認識されて、南北朝の動乱で繰り返された京都争奪戦でも活用された。建武《けんむ》三年（一三三六）正月に行われた最初の京都争奪戦では、「千本口《せんぼんぐち》を下《さが》りに敵むかふべしとて、細川の人々大将として四国勢《ぜい》、内野の右近馬場《うこんのばば》辺《わたり》に控《ひかえ》て相待《あいまつ》」と記録されたように、北野社《きたのしゃ》（今の北野天満宮）付近の右近馬場《うこんのばば》に足利勢が布陣した。六月の二度目の争奪戦でも、「先《まず》細川の人々四国の勢《せい》を召具《めしぐ》して内野に陣をとる」と、再び足利軍（細川勢）が陣を構えた（『梅松論』）。また正平《しょうへい》七年に正平の一統が破綻《はたん》し、南朝が京都を奪った時には、続々と入京してくる南朝軍で「内野は充満」したという（『園太暦』二月一九日条）。

義満はこれらの実績を踏まえ、内野を戦場に選んだ。しかも、内野の北側に布陣して、北野社を背負う形で、南から来る山名軍を迎撃した。北野社の祭神である天神（菅原道真の霊）は、祖父尊氏の時代以来、足利氏の危機を救って大逆転をもたらしてきた神として深く崇敬され、本来の氏神である石清水八幡宮《いわしみず》（八幡神）より重視されるほどだった。義満は天神の加護を信じ、勝利を確信して、北野社を背に内野に布陣し、大勝利を収めた。

こうして、義満には山名ほどの超有力大名さえ勝てないこと、したがって南朝に味方する大名は今後現れないことが、天下に示された。これで南朝は孤立し、実力で踏み潰せる。そこまで追い込んでおいて、乱の翌年の明徳三年、義満は南朝に講和を持ちかけた。

状況を理解した南朝はあっさり合意し、後亀山《ごかめやま》天皇（後村上の子）は吉野を去って京都に戻った。南朝側の三種の神器は速やかに回収され、当時の北朝の後小松《ごこまつ》天皇（後光厳の孫）は、〈改めて後亀山から位を譲られる〉という形を取って天皇であり続け、後亀山は引退して、南朝が消滅した。六〇年を超える南北朝の内乱はようやく終結し、その後には、朝廷と幕府を一身に支配する、史上初の超強力な独裁者である「室町殿」義満が残った。

内野合戦では、山名側の戦死者があまりに多く、義満がその亡霊を慰めるために北野経王堂《きょうおうどう》という巨大な仏堂を戦場の跡地に建立し、北野万部経会《まんぶきょうえ》（一万部の経典を一万人の僧が読誦《どくじゅ》する仏事）という一大鎮魂行事を恒例化させたほどだった。幕府軍と反乱軍は大内裏の跡地を馬蹄《ばてい》で蹂躙《じゅうりん》し、血の雨を降らせ、死体の山を築いた。それは天皇家に思いを寄せる者から見れば、信じがたい無礼であり暴挙ということになる。

しかし、それは物ごとの一面にすぎない。戦場が内野でなければ、要害としての機能が微塵《みじん》もない京都の市街地に容易に侵入され、義満の勝利は危うい。そうなれば、義満が土御門内裏を威厳ある根本内裏へと整備する余裕を得ることもない。その意味で、大局的に見れば、内野合戦は天皇にまともな内裏をプレゼントするのに必要なコストだった。はるか数百年前、平安時代に無用の長物と断じられ、鎌倉時代に捨て去られて骸《むくろ》(内野)を晒してきた大内裏は、次世代の内裏を生み出す糧となって、最後の仕事を果たしたのである。

壮大な北山第と金閣、必要十分な土御門内裏

もっとも、義満は現状の土御門内裏が、小さすぎて困るとは考えていなかった。それよりも彼は、自分の権力をさらに高みへ昇らせ、象徴的な建造物を建てることに急だった。

義満は、南朝を吸収した二年後の応永元年(一三九四)、将軍職を息子の義持に譲り、自分は太政《だいじょう》大臣に昇って位人臣を極めた。そして、朝廷・幕府を総動員して空前絶後の巨大な行列を作り、太政大臣就任を感謝する拝賀を行った。天皇の方が地位を与える側、感謝される側だが、実際の最高権力者が義満であることは、誰の目にも明らかだった。

翌応永二年、義満は太政大臣を辞任して出家し、上皇(法皇)と同じ待遇を獲得して、さらに高みに昇った。その前代未聞の地位を象徴するのが、応永五年に完成した北山殿《きたやまどの》である。義満はその亭主として「北山殿」と名乗った(紛らわしいので、室町第と同様に、建物の方は北山第《きたやまてい》と呼ぼう)。義満の権力は、もはや二〇年前に彼が作った「室町殿」という地位

を超えていたので、「室町殿」称号と室町第は将軍義持に譲られた。「北山殿」は、「室町殿」さえも支配下に置き、もはや廷臣でも将軍でもなく、彼らとは別の次元(上の次元)から、彼らを支配する独裁者だった(詳しくは前著『室町の覇者 足利義満』参照)。

北山第は京都に近い北西、今の金閣寺(鹿苑寺《ろくおんじ》)の場所にあった西園寺家の別荘を、義満が譲り受けたものだ。義満はここに、贅《ぜい》を尽くした多数の建物とともに、金閣を造った。相国寺大塔を造り終えた今、高さではもう人を驚かせられない。そこで義満は、前代未聞の構造と装飾で驚かすことにした。最下層が朝廷風の寝殿造《しんでんづくり》、第二層が武家風の書院造《しょいんづくり》、最上層が禅宗様《よう》という珍奇な構造も、光り輝く全面金箔貼りも、何もかもが空前絶後だった。それは、廷臣より武士が偉く、彼ら全体より義満(出家して天山道義《てんざんどうぎ》と名乗る禅僧になった)が偉いという、義満の権力のあり方を示すモニュメントなのだった。

義満は自分のためにこれだけ立派な建造物を造っておきながら、内裏を改築しようとしなかった。ただ、義満は朝廷を蔑《ないがし》ろにしたわけではない。義満は廷臣として朝廷を代表し、行事を数多く梃子《てこ》入れして、朝廷の復興に熱心に取り組んできた。それらの行事は、主人公として振る舞う義満の面子《メンツ》と一体で、不真面目な廷臣は容赦なく処罰された。特に義満は行事への遅刻が大嫌いで、遅刻を理由に何人も処罰し、廷臣たちは戦慄《せんりつ》した。

そこまで朝廷行事の正しい催行にこだわった義満が、内裏を増改築しようとしなかった。義満の比類ない権威は空前絶後の土木工事で表現されるべきだが、朝廷の権威は、つまりそれに比例する内裏の規模は、今のままで十分だと、義満は考えていたのだろう。

生まれ変わる土御門内裏

ところが、応永八年(一四〇一)二月、土御門内裏が全焼した。東坊城秀長《ひがしぼうじょうひでなが》という廷臣の日記によれば、無人の場所から出火し、放火の疑いが拭えない「奇異《あさまし》の火災」だという(『迎陽記』二九日条)。真相は不明だが、いずれにせよ、内裏は義満によってわずか半年で再建された。この規模の土木工事としては、一瞬といってよい。

重要なのは、それが全く新しい設計と、二倍の敷地で構築されたことだ。土御門内裏があった正親町《おおぎまち》の南、東洞院《ひんがしのとい》の東、土御門の北、高倉の西という一町四方の区画は、北半分だけが内裏で、南半分は長講堂に取られていた。土御門大路は長講堂に面しており、内裏の方は「土御門殿」の名と裏腹に、実は土御門大路まで届いていなかった。「正親町東洞院内裏」とも呼ばれたのは、そのためだ(『祇園執行日記』正平七年八月一七日条)。

それが、今回の再建で変わった。義満は南半分の長講堂を立ち退かせ、空いた土地を北半分の土御門内裏と併合した。土御門内裏は初めて一町の敷地を手に入れ、初めて土御門大路に面した。それればかりか、義満の指示で本格的な内裏に生まれ変わった。かつての閑院・富小路殿の精神を継承して、大内を模した根本内裏が建てられたのである。

二四年後、中山定親《なかやまさだちか》という廷臣は、こう回顧した（『薩戒記』応永三二年八月一日条）。「この内裏は人臣の家と違い、内裏として義満が造って献上したものだ。大まかながら大内《おおうち》を模し、南殿《なでん》（紫宸殿）・御殿《ごてん》（清涼殿）・内侍所《ないしどころ》・小御所《こごしょ》・黒戸《くろと》などを完備している」と。この証言だけでも重要だが、この内裏の全容は、実は図面でわかる。奇跡的にも、克明な見取り図が関白二条満基《みつもと》の日記『福照院《ふくしょういん》関白記』に残っているのだ（次頁の図12）。その図は、建築学的な精確さと絵画的な描写を併《あわ》せ持ち、私たちに中世内裏の映像的イメージを伝える希有の好史料である。

再建から四二年後の嘉吉《かきつ》三年（一四四三）、この内裏の全容を、改めて詳細に記録した人がいる。朝廷の下級事務官だった中原康富《なかはらのやすとみ》である（『康富記』九月二三日条）。彼によれば、右に中山定親が列挙した紫宸殿・清涼殿・内侍所・小御所・黒戸のほかにも、多くの施設があった。細かい説明は割愛するが、政務の空間として、記録所・議定所《ぎじょうしょ》・陣座《じんのざ》・宜陽《ぎよう》殿《でん》・床子座《しょうしのざ》などがあった。また、天皇の私的な生活空間として、泉殿《いずみどの》・常御所《つねのごしょ》・御台《みだい》所《どころ》・御湯殿《おゆどの》（浴場）などがあり、それらを支える作業場として釜殿《かまどの》・台盤所《だいばんどころ》があり、側近の控えの間として長橋局《ながはしのつぼね》・殿上間《てんじょうのま》・蔵人所《くろうどどころ》があり、占いの場として軒廊《こんろう》があった。

そこにあるのは、大内を圧縮し、中世朝廷の運営に必要な施設だけを、必要にして十分

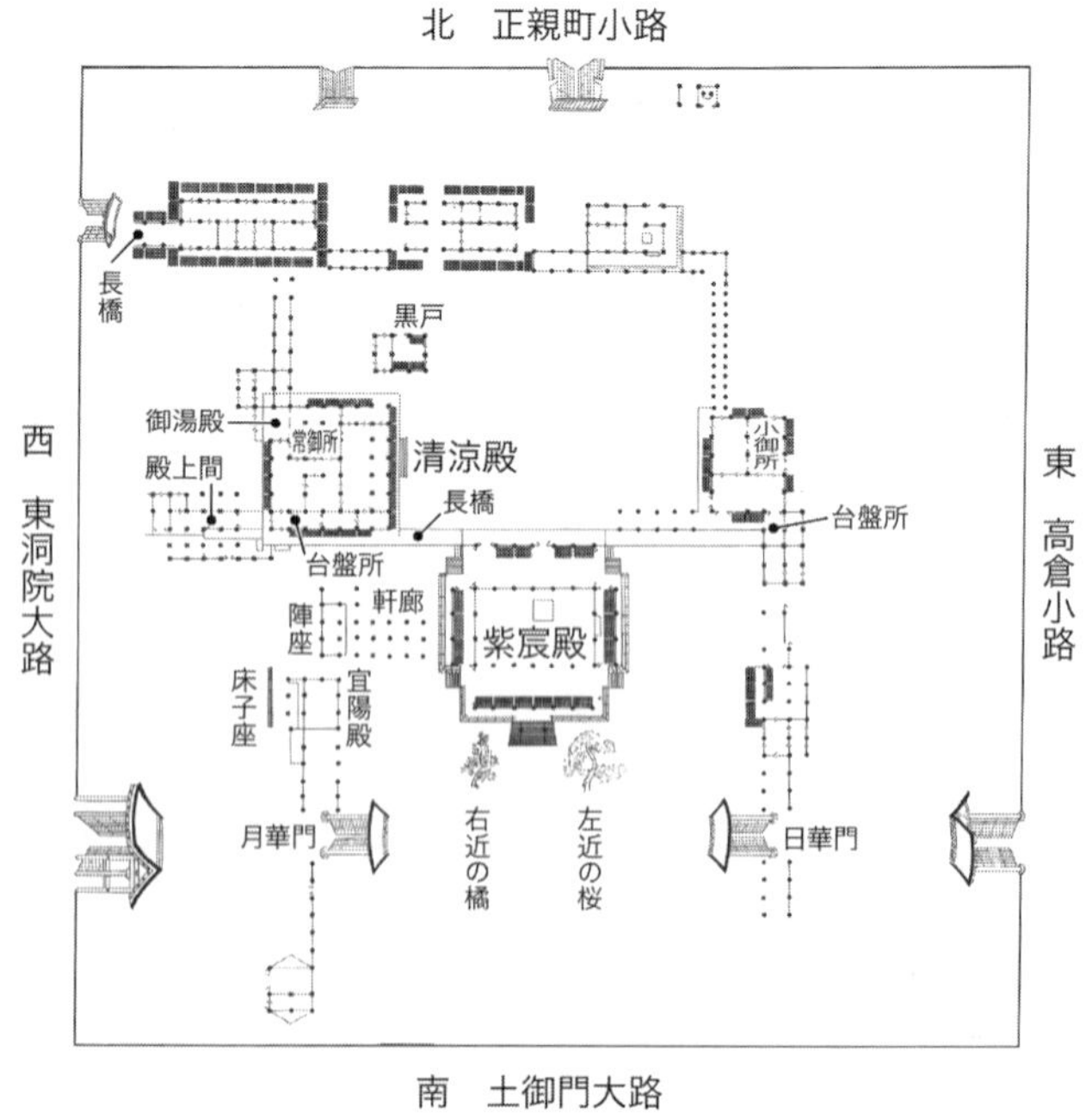

図12　応永8年（1401）に足利義満が拡張新築した土御門内裏の平面図（『福照院関白記』）

な規模で再現した、洗練された根本内裏の完成形だった。前と場所は同じでも、背後にある精神は変わった。土御門内裏はついに、〝やむを得ず住み続ける仮住まい〟から、〝恒久的に使い続けるべき根本内裏〟へと生まれ変わったのである。

その精神は明治維新まで受け継がれ続け、以後、前近代の間、内裏は二度と動かなかった。明治二年（一八六九）に明治天皇が去って東京の江戸城に遷《うつ》っても、今なおそれは場所を変えず、京都御所として存続している。その意味で、応永八年（一四〇一）の土御門内裏再建こそ、京都御所の真の原点だといっても過言ではない。

土御門内裏を放火全焼させた後鳥羽・後醍醐系皇族

それにしても、中原康富はなぜ再建の四二年も後に、土御門内裏の詳細を記録したのか。答えは簡単で、そして救いがたい。その日、嘉吉三年（一四四三）九月二三日、土御門内裏に賊が乱入し、全焼させ、三種の神器を奪い去る事件があった。内裏を小難しく中国風にいうと「禁闕《きんけつ》」になるので、この事件を〝禁闕の変〟という。この事件で、土御門内裏は再び灰になった。そのため、康富はその日の日記に、建物と配置を克明に書き残した。何がどこにあったかを、記憶が薄れないうちに記録せねば、という義務感に駆られたのである。

賊の正体はすぐに判明した。金蔵主《きんぞうす》・通蔵主《つうぞうす》という禅僧の兄弟を筆頭に、廷臣の日野有光《ひのありみつ》・冷泉某・高倉某、そして鳥羽《とば》(源)尊秀《たかひで》という者だった。金蔵主・通蔵主兄弟の父は、南朝最後の後亀山天皇の子か、その弟の護聖院宮《ごしょういんのみや》で、いずれにせよ後醍醐・後村上親子の子孫である。そして鳥羽尊秀なる者は、後鳥羽上皇の末裔《まつえい》を自称していた(「鳥羽」という名字と、後鳥羽の「尊成《たかひら》」という名から一字を継承した「尊秀」という名で、それをアピールしている)。彼らは、南朝の再興を夢見て雌伏《しふく》を続け、ついにテロ行為に踏み切った残党だった(彼らを後南朝《ごなんちょう》という。詳しくは森茂暁―一九九七を参照されたい)。

南北朝が合一する時、義満は後亀山の子孫に将来の皇位を約束した。昔の両統迭立《てつりつ》に戻し、北朝(後深草系)と南朝(亀山系)が交互に皇位を担う、と。ところが、うかうかと約束を信じた後亀山から三種の神器を回収した義満は、この約束をなかったことにした。

何年待っても約束が履行されないのを見て、後亀山上皇は応永一七年(一四一〇)、隠居所の嵯峨から出奔《しゅっぽん》して吉野に入った。しかし、もはや「室町殿」権力が盤石の安定性を誇った当時、誰も反応しなかった。そればかりか二年後の応永一九年、後小松天皇が息子の称光《しょうこう》天皇に譲位したことで、両統迭立の約束が守られる可能性はないと確定した。その三年後、もと南朝系の延臣・北畠満雅《みつまさ》が抗議して挙兵するが、失敗に終わる。

一三年後の応永三二年、後継ぎのない称光天皇が病気で瀕死になった時、後亀山の孫の小倉宮聖承《おぐらのみやせいしょう》が皇位継承権を主張したが、完全に黙殺された。三年後の正長《しょうちょう》元年（一四二八）、称光が没すると、崇光上皇の曾孫の後花園《ごはなぞの》天皇が立てられ、怒った聖承は北畠満雅とともに挙兵するが、満雅は敗死し、後に聖承も皇位継承を諦める（息子を出家させる）ことを条件に京都に戻って、失意のうちに没した。

金蔵主・通蔵主らの内裏襲撃は、こうして圧伏され続けた南朝残党の忿懣《ふんまん》が、爆発したものだった。彼らの大多数はただちに殺害・逮捕されたが、鳥羽尊秀だけは取り逃がした。彼が持ち去った三種の神器はしばらく所在不明になり、一四年後の長禄《ちょうろく》元年（一四五七）に大名の赤松《あかまつ》家が捜索・奪回して、ようやく後花園天皇の手に戻る。

この事件について、本書の関心から重要なことは、一つしかない。〈幕府が造って献上した根本内裏が天皇家の都合で焼き捨てられる〉というパターンが、後鳥羽上皇・後醍醐天皇に続けて、またしても繰り返されたことだ。それも、犯人グループがまさに後鳥羽と後醍醐の子孫を名乗っていたことが象徴的であり、問題の本質を語ってあまりある。

応仁の乱・戦国時代でも武士は内裏を焼かない

その皺《しわ》寄せをかぶるのはもちろん武士であり、負担を丸ごと転嫁されて臨時増税に喘《あえ》ぐ民である。焼かれた内裏の再建は、八代将軍の義政《よしまさ》が諸大名や各領主に臨時税を課して行われた。徴収は事件翌年に始まったが、捗々《はかばか》しくなかった。事件の二年前、〝嘉吉《かきつ》の変〟で六代将軍の義教《よしのり》（義政の父）が暗殺され、後を継いだ幼少の息子義勝《よしかつ》も二年で病死し、幼少の弟の義政が後を継いだ。そのわずか一ヶ月後に、禁闕《きんけつ》の変があった。明らかに将軍家のリーダーシップ不在に南朝残党が乗じたものだ。「室町殿」の権力は急速に凋落《ちょうらく》しており、諸大名が野性を取り戻して好き勝手に振る舞い始めた。臨時税に素直に応じる者は少なかったが、幕府は粘《ねば》り、焼けた一三年後の康正《こうしょう》二年（一四五六）に内裏は完成した。

その一三年後の応仁《おうにん》元年（一四六七）、京都を焦土にした応仁の乱が勃発するが、土御門内裏は焼けなかった。東軍と西軍に別れた諸大名は、連日の合戦で無数の放火・自焼《じやき》を繰り返したが、内裏にだけは火をつけず、延焼もさせなかった。一一年に及んだ合戦の長さと、京都全体がほぼ焼失した被害を踏まえると、奇跡的というべきだろう。しかし、「実はそうならないように、東軍と西軍の間で申し合わせがあった」と、終戦直後に日野富子《とみこ》（義政の正室）が語っている（『兼顕卿記』文明九年一一月一二条）。

もちろん無傷ではなかった。乱の間、時の後土御門《ごつちみかど》天皇（後花園の子）は室町第に避難して将軍一家と同居し、無人の内裏は荒廃した。西軍が占拠したことさえある。終戦時には築地もなく、荒れた建物が丸裸で焼け野原の市街地に建っていた。それでも両軍とも、あれほど合戦をしながら内裏を焼けさせなかった。奇跡的な努力の成果というしかない。

もっとも、例によって内野（大内裏跡）は戦場として活用された。たとえば乱の勃発当初には、西軍の斎藤妙椿《みょうちん》（美濃の守護代《しゅごだい》）が「二条内野」、つまり内野の南端（二条大路）に陣を取っている（『後鑑』所引『大乗院旧記』応仁元年六月一三日条）。しかも、百姓までそれに倣《なら》った。乱の終戦から三年後の文明《ぶんめい》一二年（一四八〇）には、下京《しもぎょう》の各所に放火した土一揆《つちいっき》が内野周辺に「充満」した（『宣胤卿記』九月一五日条）。戦国時代の天文《てんぶん》一六年（一五四七）にも、細川晴元《はるもと》と戦った細川国慶《くにのり》軍が「内野・西ノ京」に陣を構えたという（『足利季世記』）。

こうして京都は戦国時代の動乱に翻弄されたが、やはり内裏は焼かれなかった。老朽化して何度も修理したが、幕府はこの頃、その費用を際限なく民に転嫁していた。内裏造営の資金調達は、以前は諸大名（守護）に賦課する「守護出銭《しゅっせん》」で賄《まかな》い、時にはあらゆる領主に一律賦課する「一国平均役《いっこくへいきんやく》」で賄ってきた。しかし、将軍の権威が低下するとそれらが機能しなくなり、応仁の乱前後には、京都や近隣の住民に賦課する「棟別銭《むなべちせん》」に依存していた。応仁の乱後に修築費用を調達した時には、京の七口《ななくち》（京都の出入口）に関所を設けたため、近隣の百姓が抗議の土一揆を起こして、京都が一ヶ月間も暴徒の襲撃で荒らされる騒動にまで発展している（『重胤記』文明一二年九月一一日条）。

応仁の乱後、戦国時代に入ると、幕府の資金調達能力は期待できなくなったが、少なくとも内裏を焼く者は一人もいなかった。内裏の修理費を出そうとする大名はほぼ皆無だったが、周防《すおう》の大内氏だけは京都に貢献する意欲が高く、本拠地の山口では京風文化の移入にも熱心だった。延徳《えんとく》元年(一四八九)と天文四年(一五三五)に、それぞれ大内政弘《まさひろ》と孫の義隆《よしたか》が修理費用を献金している(『親長卿記』延徳元年正月二五日条、『後奈良院宸記』天文四年九月三日条)。

織田信長・豊臣秀吉の内裏修理と「公家町」の形成

戦国時代の終盤、織田信長《おだのぶなが》の登場により、混沌の極みにあった畿内は統一に向かい、豊臣秀吉《とよとみのひでよし》が継承して全国統一が果たされる。織豊期《しょくほう》(安土桃山時代)と呼ばれるその時期に、土御門内裏と京都には大きな新展開が訪れるが、記録が乏しく、不明な点が多い。

ただ、永禄《えいろく》一二年(一五六九)から、信長が戦国時代で最大規模の内裏の修理を手がけたことは確実だ。信長は前年に、一五代将軍義昭《よしあき》の上洛を助けて京都に入っていた。信長は京都を拠点に畿内近国の平定を進めつつ、この年に義昭の御所を造営し、続いて内裏の修理に着手した。工事は翌年に始まり、屋根の葺《ふ》き替えから壁の塗り直し、柱の交換、門・殿舎の造り直しまで全面的に手を入れ、三年で完了した(『信長公記』)。荒廃した内裏が面目を一新する様子を見た人々は、「織田弾正忠《だんじょうのちゅう》奇特の沙汰、都鄙貴賤《とひきせん》男女、言語道断、不可説不可説《ふかせち》」と賞賛した(『言継卿記』永禄一三年四月一五日条)。信長の取り組みは戦国時代に類がなく、都人も田舎者も、身分も男女も問わず、「言葉が見つからない」と讃美したという。

もっとも、信長にも朝廷にも、内裏を昔の大内や閑院の規模に戻そうという発想はなかった。信長でさえ、現状の内裏を新品同様にするだけで三年も要したのだ。信長はまだ尾張・美濃と近江の一部、京都周辺を制圧したにすぎず、周辺勢力との抗争に多忙だった。なお、信長は元亀《げんき》四年（一五七三）に、町衆《ちょうしゅう》（町人）と対立して上京《かみぎょう》（京都北部）を焼き討ちしたが、内裏周辺には火の手が及ばぬよう厳命している（『御湯殿上日記』四月四日条）。〈武士は京都を焼いても決して内裏を焼かない〉という鉄則は、まだ厳然と生きていた。

室町幕府が滅び、織田信長が滅んだ後、天下の支配者になった豊臣秀吉も、内裏の修理に取り組んだ。工事は、信長の死から七年後の天正《てんしょう》一七年（一五八九）に、甥の秀次《ひでつぐ》を総監督として始められた。そして二年後の天正一九年までに、建造物は「一殿《いちでん》（一棟も）残らず」新調された（『御湯殿上日記』天正一七年正月一八日条、三月一七日条、『兼見卿記』天正一九年三月四日条）。

この時も内裏の規模は維持されたが、その周囲に、中世までの常識では計り知れない新展開が待っていた。上京を中心に、数百年も京都の各所に分散していた皇族・廷臣の邸宅を、すべて内裏周辺に集めて、「公家町《くげまち》」という皇族・廷臣だけの集住区を造る計画が、動きだしたのである（登谷伸宏‐二〇一五）。

それは秀吉の独創ではなく、信長の構想だった。天正三年、信長は朝廷に「皇族や摂家以下の公家衆（廷臣）の邸宅をすべて、空き地になっている土御門内裏の東・南に移築したい」と建言し、正親町《おおぎまち》天皇に了承させている（『御湯殿上日記』七月一三日条）。信長は実行に移さなかったようだが、秀吉の時代になって、内裏の大規模修理よりも四年早い天正一三年から、実行に移されていった。そうして形成された「公家町」は、何度か改変されながらも、江戸時代を通じて保たれた。

その邸宅街は、明治二年（一八六九）に一斉に消滅する。明治天皇の東京移住に従って大多数の廷臣（だった華族）が転居した結果、大部分が更地となり、広大な空き地が内裏（京都御所）の周囲に出現したのである。そこは広い庭園として整備され、明治一一年から「御《ぎょ》苑《えん》」と呼ぶよう定められた（『京都府布達』三六三号）。それが今の京都御苑である。そこがかつての公家町だった痕跡は、今日でもわずかに窺い知ることができる。御苑の北に、今出川通を挟んで向かい合う冷泉家の建物と立地は、公家町の初期に遡《さかのぼ》る。また、御苑の南部に九条家（摂関家の一つ）の邸宅が一部残されており、一般公開されている。

第十三章　江戸幕府と「尊王」と京都御所——肥大化する権威主義と妄想

大きな内裏を欲しがる無力な近世天皇

土御門内裏は、足利義満が一町に拡張したのを最後に、中世を通じてその規模を保った。ところが、江戸時代に突然、拡張の時代を迎える(二三〇頁の図13に流れを図示したので、参照されたい)。時代が変わり、発想が変わったのである。

まず、江戸時代初期の慶長《けいちょう》一〇年(一六〇五)七月、後陽成《ごようぜい》天皇が譲位する話が出て、譲位後に住む仙洞《せんとう》御所(院御所)を造営すると同時に、内裏を北に拡大する工事を、江戸幕府が担うと決まった(『義演准后日記』七月七日条、『時慶卿記』七月二五日条)。内裏の北側にはすでに公家町があったので、それらは移転させることになった。

三ケ月前に息子の徳川秀忠《とくがわひでただ》に将軍職を譲り、京都南郊の伏見城に在城していた大御所・徳川家康《いえやす》は、このために京都に滞在した。造営予定の院御所の図面を自ら検討し(『言緒卿記』八月三日条)、古図を見て京都の全容を把握し、自ら現地で造営予定地を巡見するなど、かなり本腰を入れていた形跡がある(『言経卿記』『時慶卿記』『慶長日件録』八月六日条)。すぐに廷臣の家々の立ち退きが始まり、彼らは替え地と移転の費用を家康から与えられた(『慶長日件録』八月二八日条、一一月八日条)。

工事は翌年に始まり(『言経卿記』『慶長日件録』慶長一一年七月二日条、『義演准后日記』慶長一二年一二月一六日条)、慶長一二年の末に仙洞御所が完成した。ところが、「まだ内裏の土地が狭くて不足だ」という話になり、さらに拡張するため廷臣の家々が移転されることになった。この期に及んで「狭い」と主張したのは、後陽成天皇自身だった(『孝亮宿祢日次記』一二月二三日条、『義演准后日記』一二月二四日条)。

彼の譲位はなかなか実現せず、四年後の慶長一六年にようやく後水尾《ごみのお》天皇に譲位した(一般に「ゴミズノオ天皇」と呼ばれるが、宮内庁職員で信頼できる歴史学者が「ゴミノオさん」と呼ぶのを何度か聞いた時から、私はそれが正しいと確信している)。それまで、この内裏拡張と廷臣の立ち退きの話はだらだらと尾を引き、譲位の前年に大規模に進められた(『孝亮宿祢日次記』慶長一五年四月二九日条、『時慶卿記』六月一八日条)。内裏の拡張工事は譲位が済んでから行われ、内裏を囲む築地の長さは東西・南北とも二町になった(『駿府記』慶長一六年八月一日条、『安政内裏造営志』一)。従来の内裏が一町×一町なので、一挙に四倍の面積まで巨大化したのである。

八年後の元和《げんな》五年（一六一九）、二代将軍秀忠は、娘の和子《まさこ》（東福門院《とうふくもんいん》）を翌年に後水尾天皇の中宮に入れる準備として、大々的に内裏を拡張した（建物の規模はそのまま）。

この時に造営された紫宸殿《ししいでん》と清涼殿《せいりょうでん》は、寛永《かんえい》一八年（一六四一）に内裏が新造された際に仁和寺《にんなじ》に下され、今も仁和寺の金堂《こんどう》（国宝）・御影堂《みえいどう》（国指定重要文化財）として現存する。また、前回に家康が新造した時には、豊臣秀吉が造営した清涼殿が近江（滋賀県）の園城《おんじょう》寺《じ》に下賜されて、それが今も園城寺の食堂《じきどう》（国指定重要文化財）として現存する。

これらの建物をぜひ一度、できれば京都御所を見学してから御覧頂きたい。そして、その小ささに驚いて頂きたい。紫宸殿は天皇の政務の中心、清涼殿は天皇の生活空間だが、「これが本当にそうか」と疑いたくなるほど小さい。数百年来、内裏の建物はこの規模を超えなかったのであり、今の御所の規模の方が異常であることを、よく実感できるだろう。

江戸時代の内裏は何度も焼けた。寛永一八年（一六四一）、幕府は和子が産んだ明正《めいしょう》天皇のために内裏を新造したが、承応《じょうおう》二年（一六五三）に焼失。翌年再建されたが、万治《まんじ》四年（一六六一）に〝万治の大火〟で焼失する。幕府は寛文《かんぶん》二年（一六六二）にこれを再建したが、一一年後の寛文一三年に前回より大規模な大火でまた焼失し、二年後の延宝《えんぽう》三年（一六七五）に再建を終えた。これら四度の造営とも、内裏の規模を拡大しなかったが、承応三年（一六五四）の再建時に決まった建物配置はその後に継承され、近世内裏の構造が確立した。

①平安〜
鎌倉時代の
大内

②平安〜
鎌倉時代の
閑院内裏

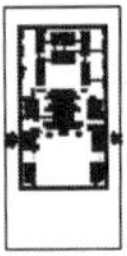

⑦承応3年（1654）造営の内裏

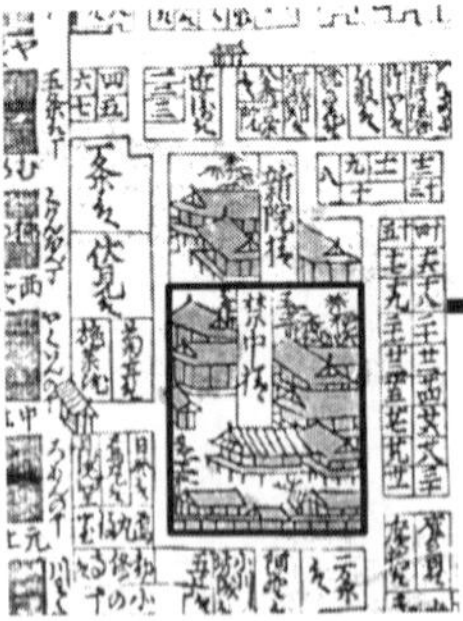

貞応3年（1654）刊
『新板平安城東西南北町幷洛外図』

⑧延宝3年（1675）造営の内裏

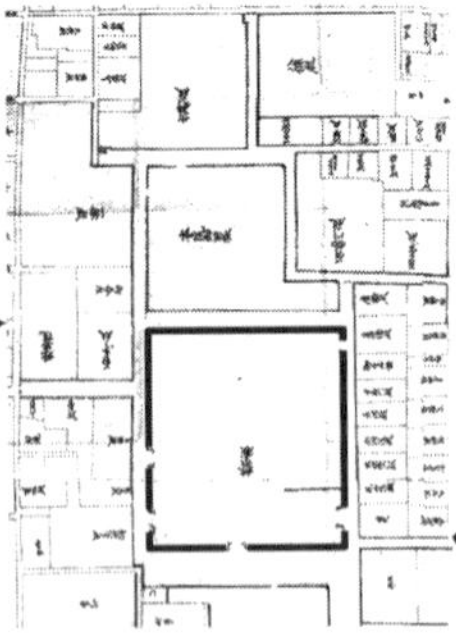

貞享3年(1686)
幕府大工頭中井家の実測図
『公家衆町絵図』

⑨宝永6年（1709）造営の内裏

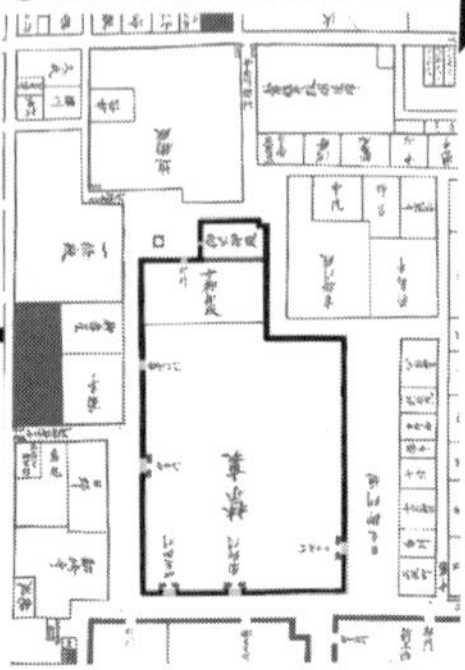

『禁裏仙洞附近図』(日野家本)
※原図は実測図か

⑩寛政元年（1789）造営の内裏

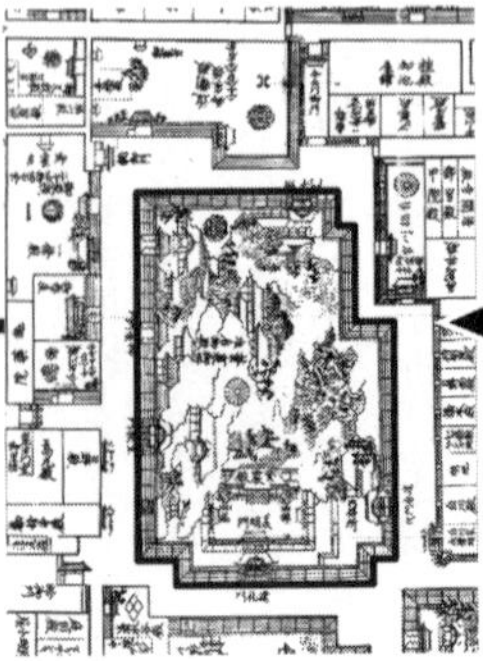

天保8年（1837）刊『禁闕内外全図』

置関係把握のため公家町まで入れた（北と北西の広い敷地は近衛家と一所蔵、⑥⑦は京都大学付属図書館所蔵、⑨は宮内庁書陵部所蔵）

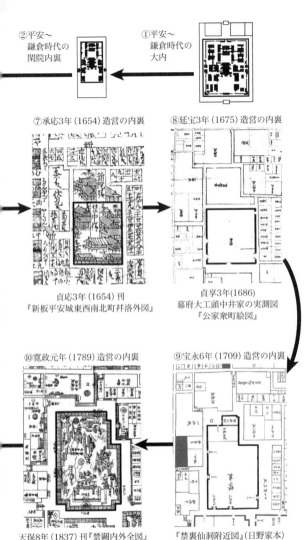

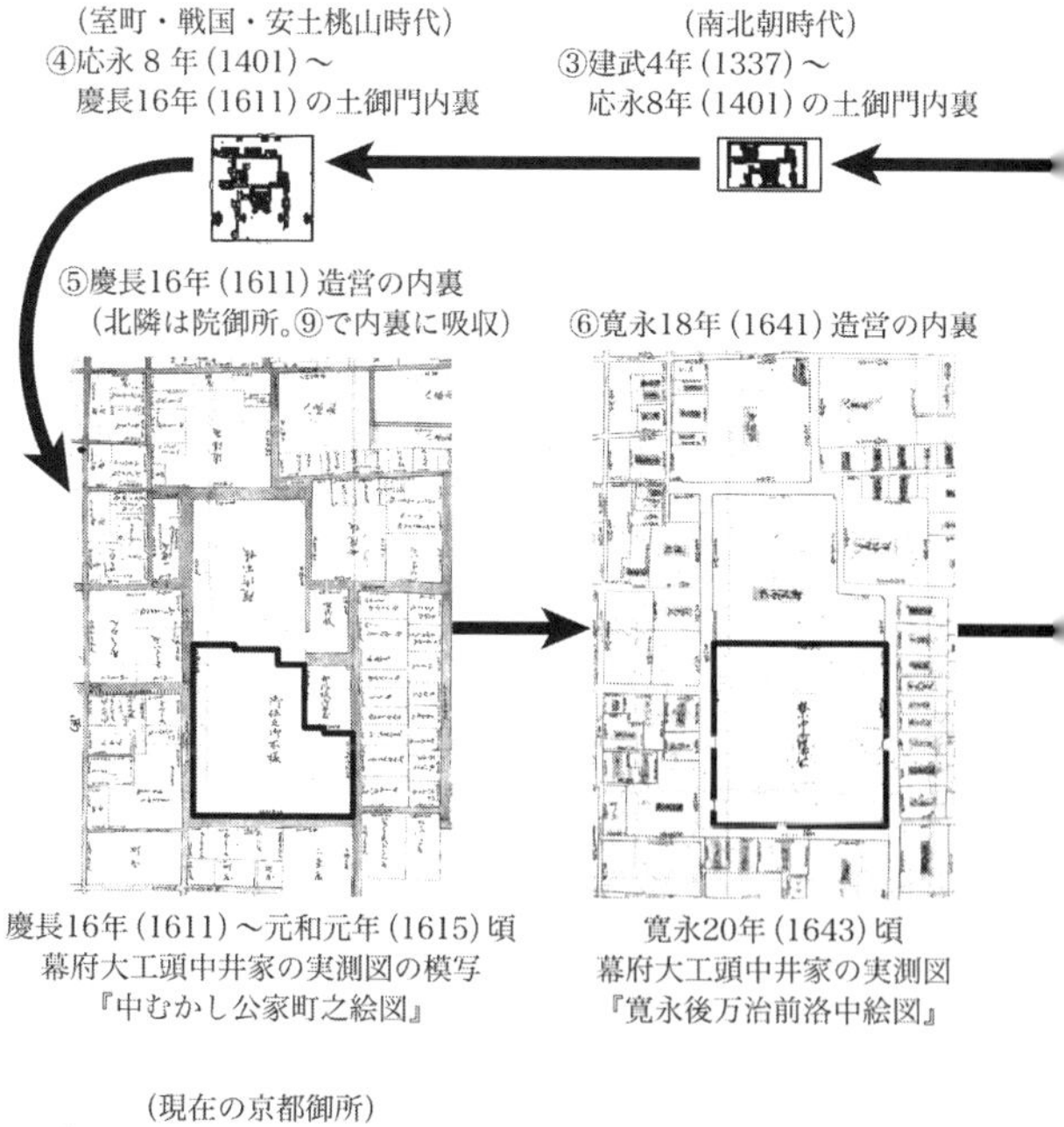

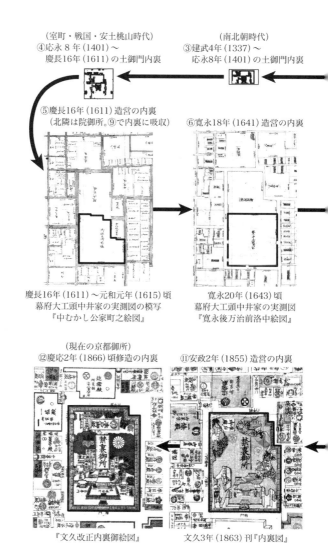

図13　内裏の変遷、特に近世内裏の肥大化の歴史。内裏を太線で囲み、位
条家）。（⑦は縦に拡大して縦横比を調整。⑤⑧⑩⑪⑫は京都市歴史資料館

災害復興より内裏再建を優先する光格天皇

江戸幕府は最初の一〇〇年だけで六度も内裏を造ったが、七度目もすぐだった。そしてそこから、内裏は急激に肥大化する。宝永《ほうえい》五年（一七〇八）の大火は、鴨川より西、堀川通《ほりかわどおり》より東、四条通《しじょうどおり》より北、今出川通《いまでがわどおり》より南の広範囲を焼き、四一七町が被災して、内裏も全焼した。その翌年の再建を機に、内裏は北と東へ大幅に拡張され、約一四〇〇〇坪から約二二〇〇〇坪に、一・六倍近く肥大化した。この時、東西の幅が今と同じ規模になる。

この内裏は八〇年間、存続した。しかし天明《てんめい》八年（一七八八）、鞍馬口通《くらまぐちどおり》（今出川通の北）から七条通《しちじょうどおり》（今の京都駅の北）まで、南北五㎞以上の広範囲を焼いた〝天明の大火〟で、また全焼する。幕府はまた再建したが、この時、今の京都御所につながる大転換があった。

当時の江戸幕府は、前年に老中《ろうじゅう》首座（筆頭）に就任した白河藩主・松平定信《まつだいらさだのぶ》が主導していた。定信は復興を指揮するため自ら上洛したが、そこで京都所司代《しょしだい》（京都の行政監督）から、「光格《こうかく》天皇が内裏を「復古」様式で再建したがっている」と聞かされる。「復古」とは、平安京が造られた一〇〇〇年前の形と規模に戻すことである。その突拍子もない提案の背景には、それを可能にしそうな学問的成果が、大火の直前に完成していたことがあった。

三〇年前の宝暦《ほうれき》八年（一七五八）、朱子学と神道を混ぜて大義名分を強調する垂加神道《すいかしんとう》が、桃園《ももぞの》天皇や近臣に講義されるという出来事があった。垂加神道は尊王《そんのう》（尊皇）思想、つまり

〈将軍より天皇のためにこそ人は奉仕すべき〉という思想を鼓吹《こすい》するので、危機感を抱いた幕府は関係した多数の廷臣を処分して失脚させた。この〝宝暦事件〟で、裏松光世《うらまつみつよ》という廷臣も蟄居《ちっきょ》(自宅謹慎処分)となり、出家させられて固禅《こぜん》と名乗った。

裏松固禅の蟄居生活は何と三〇年の長きに及んだが、彼はその間に古記録・古典籍を渉猟《しょうりょう》し、かつての本式の大内裏の空間・建築構造を、微《び》に入《い》り細《さい》を穿《うが》って考証した大著『大内裏図考証《だいだいりずこうしょう》』を書き上げた。現在、それは『新訂増補故実叢書《こじつそうしょ》』(明治図書出版)に集録され、三冊の活字本として簡単に参照できる。平安京と大内裏のあらゆる項目ごとに、膨大な古記録を網羅的に引用するその内容を一見すれば、近世考証学の驚歎すべき成果を目の当たりにできる。その『大内裏図考証』が、偶然にも天明の大火と同じ年に書き上がっていた。光格は、これで「復古」様式の内裏再建が可能だと信じた。

松平定信は反対した。昔と今では時勢が違う上、ただでさえ逼迫《ひっぱく》する幕府財政が大火の復興でさらに厳しく、しかも天明の飢饉で全国の民が疲弊していた折に、無闇な出費が増えるのだから、国政を預かる政治家として当然の判断だった。定信は、関白の鷹司輔平《たかつかさすけひら》(光格の父・典仁《すけひと》親王の実弟)とも面会して、その点には合意していた。定信の意見は完璧な正論だったが、光格は断固として譲らず、定信が折れた。

独善的〝明君〟の系譜——光格天皇と後醍醐天皇

光格は大火の直前、飢饉で苦しむ京都町人を救済するよう幕府に求め、米を放出させたことがある。そのため光格は明君のようにいわれることがあるが、冷静に考えれば、光格は実務も財源も幕府に丸投げして、ただ「やれ」といっただけだ。内裏の再建も同じで、実務はすべて幕府にやらせ、費用もすべて幕府の会計に負担させ、しかも罹災した京都市街の復興に使えたはずの莫大な資金を、「復古」内裏の再建という自己満足に回させた。光格は民のために身を切る明君ではなく、人に負担を押しつけて〝明君〟を気取る暴君だったといわざるを得ない。

光格のこの独善的な性格は、朝廷儀礼の復古・復興に熱心だった点とともに、どうしても後醍醐天皇と重なる。光格は後に、父の典仁親王に太上天皇の尊号《そんごう》を贈る案を強行しようとし、定信率いる幕府によって阻止された〝尊号一件〟という騒動も起こしている。これらの出来事が世間の尊王思想を高め、明治維新の温床となっていった。

かくして光格天皇は、民の胃袋と火災の復興を犠牲にして、立派な内裏を手に入れた。寛政元年(一七八九)に再建された内裏は、光格を満足させた。面積は約一八〇〇〇坪を加えて、計二五〇〇〇坪あまり(約八二五〇〇㎡)に拡張された。その焼け太った広大な敷地に、裏松固禅の学説を踏まえて、平安時代風の古い姿に復元された内裏が出現した(図14)。

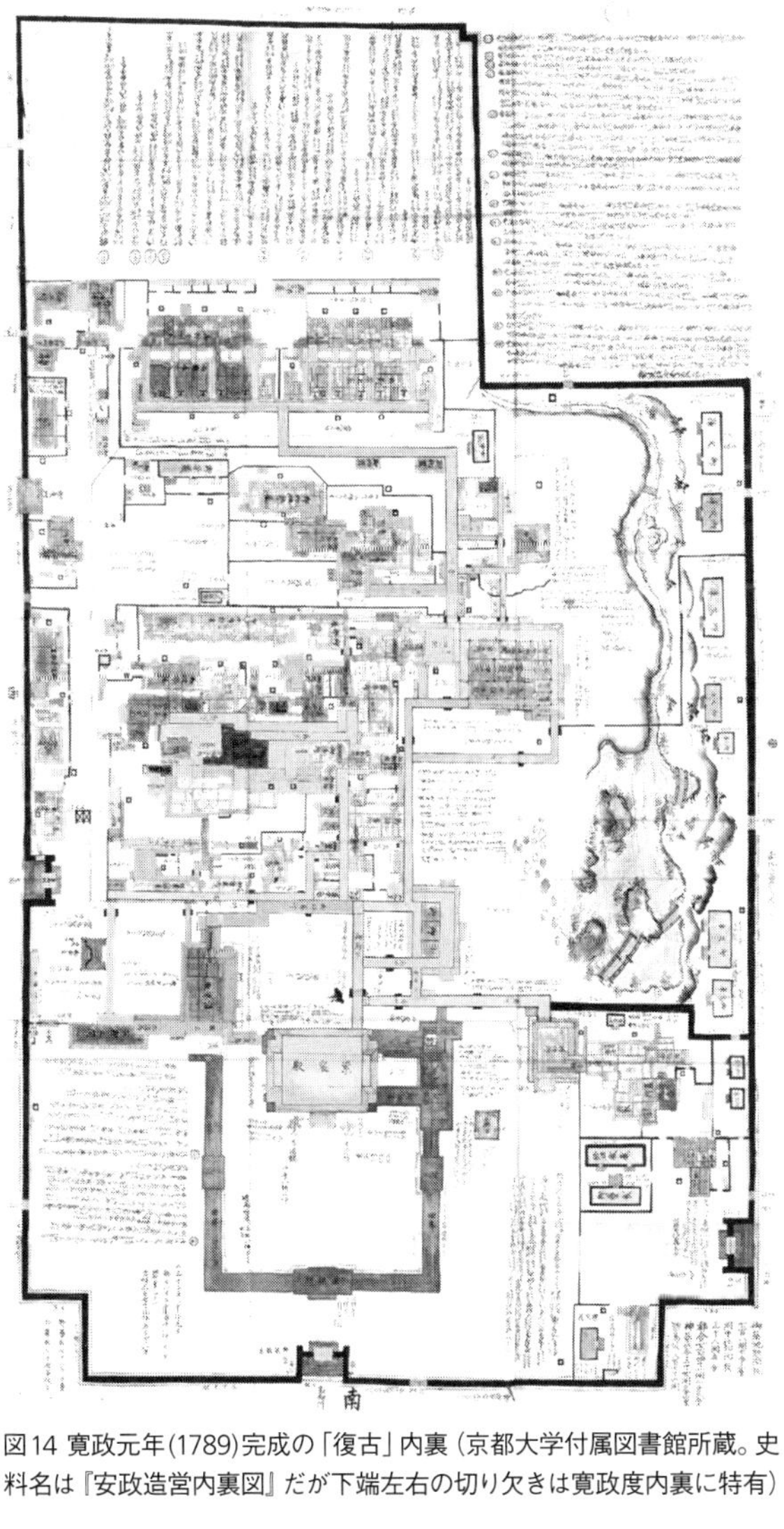

図14 寛政元年(1789)完成の「復古」内裏（京都大学付属図書館所蔵。史料名は『安政造営内裏図』だが下端左右の切り欠きは寛政度内裏に特有）

それは近世と古代、実用と象徴が同居する混合体《キメラ》だった。儀礼で使う表向きの空間、つまり紫宸殿などの主要殿舎は「復古」調で復元されて巨大化したが、奥向き・後方(北側)の実用空間では、前回の修造と同じ近世風の様式が踏襲されて、その様式が今の姿だ。この内裏は六〇年あまり使われた後、嘉永《かえい》七年(一八五四)の大火で焼けたが、安政《あんせい》二年(一八五五)にほぼ同じ姿で再建された。近世最後の修造であり、現在の京都御所がそれである。

京都御所とは何か——江戸幕府の威光を示す原寸大の復元模型

以上の経緯を通して見れば、今の京都御所が何であるのか、明らかだろう。天明の大火で上洛した定信は後年、回顧録『宇下人言《うげのひとごと》』で、復興事業を自ら指揮した動機を「このときに関東(江戸幕府)の御威光たつべき時なれば」と記した。また、内裏再建が成った時の朝廷の反応を「こたび御造畢《ごぞうひつ》ありし後、関白殿を初《はじめ》として皆、関東之御威光をかたじけなく思はれけるとぞ」と記した。

京都全焼という危機や、内裏の拡張・全面的再建・復古調復元という大事業の時こそ、「関東の御威光」、つまり〈強大で正義の江戸幕府が政治を担っていてよかった〉と朝廷や民に実感させる好機だ、と定信は理解していた。京都御所は巨大化したが、それは天皇の権威が高まったからではない。武家が力を持ち、力を期待された時代にこそ、武家の面子《メンツ》を示すために、御所は拡大するのである。光格はそこにつけ込んで、他人の褌《ふんどし》で相撲を取り、天皇の威厳を高めようとしていた。

そして、この時に内裏の主な建物が平安時代風に〝復元〟されてしまい、それが今の京都御所の姿になった。かくして、京都御所の正体はもはや明らかだ。それは、江戸幕府が造った原寸大の復元模型である。今、大多数の京都人や観光客は、あのような姿の御所が平安時代から連綿と続いてきたと信じていると思うが、大変残念な誤解だ。京都御所の正面の表向きの空間は、近世の姿とさえ断絶しており、中世や古代の内裏とは全くの別物だ。

実在しなかった古代に憧れる「復古」ごっこ

しかも、この復古・復元は、裏松固禅《うらまつこぜん》の考証に基づいている。考証は、記録を緻密《ちみつ》に分析する学問的な証明作業だが、記録が足りなければ、推測に頼るしかない。そして固禅の考証には、致命的に足りない情報があった。立面図である。古代・中世の記録は、内裏の平面構造にしか関心を持たない。平安時代の内裏を描いた立面図も鳥瞰図《ちょうかんず》も存在しない。

情報不足に窮した大工は、紫宸殿の屋根を建造する段になって、何と中世の絵巻物を根拠に復元した。絵巻物は絵画作品であり、リアリティよりも印象操作を優先するので、実在した景観を描いても数え切れないデフォルメが施されている。そうした不確かな材料しかなかったため、現在の紫宸殿は「あの重苦しい屋根」になってしまった、と専門家はいう(藤岡通夫 一九五六)。

一般に、高い屋根を支えるには技術の進歩が必要で、多くの場合、同じ面積の建物なら古いほど屋根が低く、新しいほど高い。そして建築技術が成熟した江戸時代に、平面の面積と屋根の高さの比率は、ほぼ固定したといわれる。その江戸時代の縦横比を、固禅が復元した横に広い平面図に適用したため、あのように屋根が聳《そび》え立ったと考えられている。

その専門家は、こうもいう。「現在の紫宸殿を見て、平安朝の古制を伝えていると思われるのは、平面と斗栱《ときょう》以下の軸部と建具等であって、この中央部を除いた上下には近世的色彩が濃いと考えねばならない」と。斗栱とは、柱の上で屋根の重さを支える、木材を複雑に組み合わせた部材である。構造上重要には違いないが、体積が小さく、一般人の目から見ると、建造物全体の印象をあまり左右しない細部にすぎない。

さらに、別の専門家によれば、固禅はもう一つ重大な見落としを犯した。固禅は、数世紀にも及ぶ時間の経過に伴って、内裏の形が何度も変わったことを軽視した。個々の殿舎やそのパーツがいつの時代のものか、という観点が、彼の〝復元〟には欠けていた。そのため、完成した内裏図には様々な時代のパーツが入り交じり、歴史上一度も実在しなかった内裏の想像図となってしまった(橋本義則 一九九五)。それを立体化したものなので、京都御所も〈架空《ファンタジー》の古代的世界を実際に造ってみた〉という域を出なかったのである。

復古ファンタジーが実体化する明治維新

中世を通じて、天皇や廷臣は一つの基本理念を保った。何百年経とうと、〈万事、今の形はやむを得ない便宜的な形だ〉と考え続け、〈世も末なので仕方ない〉と諦めていた(不便だからといって大内裏を省みない院の割り切りに、廷臣の大多数が共感していたわけではない)。それが、近世の朝廷にはなかった中世の知恵だ。

ところが、近世の朝廷は違った。一部の天皇や廷臣は、〈したがって、いつか天皇はかつての理想的な形に戻るべきだ〉と考えた。それは、尊王思想が高揚するにつれて顕著になった。彼らは、江戸時代を通じて社会が激変してゆくのに比例して、現実への反感を高め、より現実と乖離《かいり》した理想郷への想いを募らせていった。

彼らは、中世までに廃れた多くの朝廷儀礼を復興し、〝古き良き〟朝廷・天皇に戻ろうという。その復興された儀礼は、なくても困らないから廃れたのだ、という真実を彼らは直視しなかった。彼らの「復古」は、想像とイデオロギー、つまり誤解と曲解に満ちた、史実とは別世界のファンタジー劇に過ぎない。そもそも儀礼自体が一種の演劇なのだから、それらの復古儀礼はいわば劇中劇であり、現実味はこの上なく希薄だ。

光格の「復古」内裏は、細部がどれだけ写実的《リアル》だとしても、建物全体も、それを造った理念も、現実《リアル》と断絶している。明治天皇が京都御所を去るまでの八〇年間、天皇はその「復古」内裏の中で、〝天皇が真の君主である理想的世界〟というロールプレイングゲームの、主人公を演じていたということだ。

広橋伊光《これみつ》という廷臣は、天明の大火以前の内裏が、即位礼・節会《せちえ》などの儀礼に手狭で、「威儀《いぎ》全く備《そな》はらず（天皇の威厳を全く儀礼で示せない）」（『寛政御造営最初記』）と述べた。一見、従来の内裏は小さすぎ、光格の「復古」内裏で初めて十分な規模を得たかに見える。

しかし、天皇は五〇〇年近くの長きにわたり、その狭い空間でやってきた。それが一四世紀半ば以来の、天皇のあり方なのだ。手狭というのは、〈天皇がまだ権力者だった一〇〇〇年以上前の古代と比べて手狭だ〉ということにすぎない。そして、〝仮の形〟も五〇〇年近く続いたなら、もはやそれが〝本当の形〟だと考えた方が合理的だ。しかも、一度変わった社会は二度と元に戻らない、という歴史の鉄則もある。一部の天皇や廷臣がそうした世界の仕組みを直視しようとしなかったことは、天皇制と朝廷の最大の弱点だった。

ところが、歴史とは面白いもので、その弱みが強みとなって、歴史を動かしてしまう時がある。後醍醐天皇のように、現実を断固直視しないで突き進む者には、誰より強い意志の力がある。後醍醐は空気を読まず、忠告に耳を貸さず、自分の理想に執着し抜いて、最後は鎌倉幕府を倒した。それと同じ一種の〝嘘から出た誠〟が、幕末にも起こる。

たとえファンタジーでも、写実的《リアル》な舞台で八〇年も実生活が営まれれば、それ自体がもはや現実《リアル》となる。そして、〈天皇が国政の中心に〝戻る〟べきだ〉という共同幻想は、それなりに長い時間を経て現実味を帯びてしまった。幕府を抹殺し、天皇を頂点として有力者が国政を動かそうと標榜した運動が本当に実を結んでしまい、徳川幕府は滅びた。

エピローグ　武士の庇護を失った京都と京都御所の未来

京都御所は天皇の象徴ではなく「尊王」の象徴

本書で見通してきた七〇〇年ほどの歴史から、京都御所の本質は浮き彫りになったと思う。京都御所は、天皇の象徴ではなく「尊王（尊皇）」の象徴である。そして重要なのは、「尊王」において天皇は常に受け身であって、「尊王」の主体は常に天皇でない誰かだということだ。極論すれば、天皇は「尊王」に関知しないといっていい（だから天皇家自ら「尊王」を強要した後鳥羽・後醍醐は失敗した）。京都御所は、どこかの誰かが天皇のために、日本人全体から費用を徴収し、それを代表者として貢いできた歴史の産物・象徴なのである。

その〝誰か〟は、常に武士だった。幕府が生まれた一二世紀末から、幕府が永遠に消滅したはずの一九世紀後半まで、京都御所（土御門内裏）やその前身となる根本内裏（閑院内裏・新生富小路殿）を造ってきたのは武士であり、一度の例外もない。鎌倉幕府・室町幕府・織田信長・豊臣秀吉・江戸幕府と、五つの武士の政権に、どれほど時代が変わっても「尊王」という選択肢を取らせた天皇制の影響力は、凄まじいというしかない。

ただし、それらの武士の政権が多かれ少なかれ「尊王」を標榜し、その象徴として京都御所（やその前身）を造営・維持してきた理由は、純粋な忠義心や利他的な献身ではない。どの武士政権も例外なく、自分の権力を反乱のリスクから守るための世論対策として、そして名実ともに武士の頂点に立って日本の最高実力者となったことを証明・喧伝《けんでん》する手段として、要は自己都合で行ってきた。足利義満や江戸幕府の場合に顕著なように、京都御所の拡大の歴史は、武士政権の強人化の歴史そのものであり、バロメーターなのだった。

もう一つ、内裏の成長を可能にしてきた理由がある。それは、天皇の無力さだ。無力なら悪さもできない。天皇が無害だからこそ、どの武士政権も、滅ぼすより利用する方が賢明だと結論したのである。最初の頃は、その仕組みを天皇家が理解しなかった。〈天皇が最高権力者の地位を取り戻すべき〉と信じて戦争に邁進《まいしん》した後鳥羽上皇や後醍醐天皇は、結果的に、内裏を拡大するどころか灰にした。

内裏の繁栄は、天皇の権力と反比例する。その構造を彼らは証明し、彼らより賢明だった大多数の天皇たちはその教訓を学習して、武士政権の繁栄が自分たちの繁栄に比例するという鉄則を理解した。そして、生き残るために全力で〝無力であること〟に徹した。その成果が京都御所なのだった。

明治維新後に大量生産される「武士」たち

では、武士政権に依存してきた京都御所は、武士政権が消滅した近代以降どうなるのか。実は変わらなかった。武士は消滅せず、天皇は最高権力者にならなかったからだ。

明治維新は、薩長《さっちょう》（薩摩藩と長州藩）という武士の集団が主導したクーデターだった。明治維新は武士を滅ぼす戦いではなく、幕府を、別の武士たちが滅ぼした政変にすぎない。幕府が消え、廃藩置県で藩が消え、武士の呼び名が「士族」と変わって四民平等になり、士族が洋服を着て刀や髷《まげ》を捨てても、武士は消えてなどいない。むしろ増やされた。

明治時代、軍隊では「徴兵制となって国民皆兵の時代が来た以上、国民の誰もが武士であれ」と教え、学校教育では生徒たちに「天皇のために命を捨てるのが君たち武士の本分である」と教えた（明治一一年『軍人訓戒』、明治三七年千葉県佐原中学校『生徒心得』）。新渡戸稲造《にとべいなぞう》は『武士道』を英語で著して世界に流布させ、「武士のあり方こそ日本人の伝統的美徳だ」という作り話を広めた。明治天皇の死去直後、乃木希典《のぎまれすけ》陸軍大将が武士のように殉死した時、新渡戸は「日本道徳の積極的表現」と礼讃した。

かくして明治の日本は、見た目とテクノロジーを近代化させた上で、精神面では武士を消滅させるどころか、人口の数％にすぎなかった武士の比率を、日本人男性の一〇〇％へと押し上げていった。薩長という武士集団が新たな政権を立て、それを正当化して世論の支持をもぎ取るために「尊王」を標榜し、日本をますます武士社会へと押しやり、そして東京に天皇の宮殿を造った。その筋書きは、従来の武士政権と何一つ変わらない。

とすれば、昭和二〇年(一九四五)の太平洋戦争の敗戦で、GHQによってそうしたありかたにとどめが刺された時こそ、京都御所の最大の転換点だったことになる。大日本帝国を卒業した新生日本国では、教育で国民を武士へと誘導できず、政府が権力を正当化するために天皇を利用できなくなった。武士政権の亡霊は今度こそ一掃され、新憲法の下で「尊王」を理由とする徴税は不可能になり、京都御所を維持・拡大してきた主体も動機も消滅した。それらに依存してきた京都御所が維持されるべき切実な理由も、そこで消えた。

京都御所から考える京都の未来

令和元年(二〇一九)に、自民党政権の政府は、七億円の税金を投入して仙洞《せんとう》御所(上皇の御所)を改修すると決定しており、東京で実際に使われる宮殿にはまだ先がある。しかし、今後永久に空き家となった(と見てよい)京都御所は、歴史的な文化財だという以外に、維持される理由がない。東京の宮殿でさえ、もし民意が税金の投入を望まなくなったら、つまり総選挙で与党が確実に負ける要因と化した時、ただちに衰退し始める。それが、天皇の自力で維持できず、完全に他力本願で維持してきた皇居と京都御所の宿命である。

今後、京都御所がどれだけ延命できるかは、あれを〝国民全員が維持すべき国民全員の財産〟だと見なす、国民の総意が形成できるかにかかっている。多くの異なる考えや立場があって当然だし、個人的にはどのような結末を迎えてもよいと思っている。

ただ、一つだけ大きな障碍《しょうがい》がある。法的には決して、京都御所が国民全員の財産でない、という事実だ。京都御所は天皇の私物である。それは一国民の私物でさえない。天皇は国民とはいえないからだ。日本国憲法第一条が定める通り、「天皇は、日本国の象徴であり日本国民統合の象徴」であって、それ以上でもそれ以下でもない。君主とはいえないが、法的にも歴史的にも、断じて「民」ではない。皇族は戸籍に登録されないし、納税義務もない。

昭和天皇が没した時、新天皇(後世、平成天皇と呼ばれる今の上皇)は相続税を納めたが、それは義務でないものを自発的に納めた善意だった(その成果が、皇居の一角の三の丸尚蔵館に収められて国有財産となった文化財の数々である)。国立博物館で正倉院の御物《ぎょぶつ》(天皇の私物を政府機関はそう呼ぶ)が展示されるのも、京都御所が一般公開されるのも、すべて天皇の好意だ。現代の天皇がそうした好意を惜しまないことに対して、私は賞賛するしかないと思っている。

ただ、法治国家で民主主義国家である以上、国民の側は、法に基づかずに好意で京都御所の維持費を出すことができない。京都御所が、国民の総力で守るべき〝国民全員の財産〟であるためには、国有財産にすることを避けて通れないはずだ。

国民がいつ、どのような形でその声を挙げるのか、それとも声を挙げないのか。そしていずれにしても、その時、京都はどうなるのか。それは日本(人)論として興味深い問題であり、千数百年に及ぶ天皇制の歴史の一つの結末として、歴史学者の興味を惹《ひ》いてやまない。

あとがき

一〇年以上も前、立命館大学で「京都学」を教えるポストに、五年限りの任期で採用された。しかし、悪戦苦闘した記憶しかない。何しろ、京都の現地や、それに取材して大量に流されるマスコミの〝京都文化〟情報が、あまりに玉石混交で、思想的に偏っていたからだ。数が多い割に、信頼できる情報が驚くほど少ない。郷土愛や皇室愛、神社仏閣の自己アピール、売り上げ至上主義の宣伝広告など、発信者に都合のよい情報ばかりが氾濫《はんらん》していた。私個人は、それでよかった。私も本当は、一人の観光客や住人として、心地よい話や宣伝文句に身を任せ、ただ京都の雰囲気を愛《め》でたかった。

しかし、「京都学」という学問を大学で教えて給料をもらうなら、その甘い期待は封印せざるを得なかった。愛は盲目、あばたもえくぼで、脳の優れた働きによって、愛すれば欠点は全自動で見えなくなり、美徳にさえ見える。だから研究者はそういう意味で、研究対象を愛すると失敗する。ならば、愛し方を屈折させるしかなかった。

結局、最も誠実な「京都学」との向き合い方は、健康診断と同じだ、と割り切ることにした。健康診断は、長所も短所も無表情に並べ立てて、「あなたは医学的に見るとこういう人です」と教えるレポートをくれる。それと同じように、京都の生育歴と病歴を洗いざらい掘り起こして並べ、「京都はかくかくしかじかの経歴により現在こういう状態です」とレポートにまとめる。毎年封筒を開くと憂鬱になる健康診断書が、根っこでは健康長寿を願う愛情に基づいているように、私も京都愛をその形で表明することにした。

問題はすぐ明らかになった。「あなたには運動が決定的に足りない」という健康診断書のように、私は「今の京都論には、武士が果たした役割への正当な評価が、決定的に足りない」と診断した。京都は天皇なくして成り立たないし、廷臣たちもそれなりの貢献は果たしただろう。町人(町衆)の貢献はいうまでもない。しかし、ほとんどすべてを武士の寄附で維持させておいて、武士を悪役や空気のように扱うのは不当だ。限られた任期中、私はこの病巣を指摘したくて、いくつかの研究テーマに手をつけてみた。

五年やそこらで果たせる仕事ではないと気づくのに五年かかり、ようやく最初のレポートとして『平安京はいらなかった──古代の夢を喰らう中世』(吉川弘文館、歴史文化ライブラリー)を上梓《じょうし》したのが四年前の二〇一六年、任期はとうに終わっていた。その本では、古代の「平安京」が中世の「京都」へと転生する、その入口までを扱った。

幸運にも「続編を」という声を複数の出版社から頂き、また四年も費やしたが、何とかほぼ同時に二冊、書き上げられた。右の本に続く直接の続編は、『「京都」の誕生――武士が造った戦乱の都』(文春新書)として、本書の三ヶ月前に世に問うている。源平合戦で京都がどん底まで疲弊する直前までに、院政と武士(平家)が利用し合いながら、古代の残骸「平安京」を、どう中世に適応する「京都」へと転生させたかを描いた本である。「京都」を創り上げた主人公の一人として武士を忘れてくれるな、という限定的な意味でだが、誤解を恐れず「京都は武士が創ったのだ」と主張してみた。

本書はその続編として、平家とともに壊滅した「京都」を、三つの幕府と二人の天下人が復興させ維持してきた努力に焦点を当てた。手前勝手な理由で内裏を灰にしたりアップグレードを要求する何人かの天皇にもめげず、彼らがどれほどの精魂と負担を費やして京都と内裏を維持してきたか、(もちろん、彼らの「尊王」も本質的には利己的だと承知の上で)彼らの功績を正当に評価してはどうか、と本書では主張してみた。

観光客や歴史ファンの目が肥えてきた昨今、ありふれた〝神話〟はもう飽食され、京都の価値や魅力をもう高めまい。それよりも、宣伝されてこなかった隠れた事実や、それに基づく新たな切り口で新たな価値を創造しようともがくしか、〝観光立国〟日本の未来は切り拓けなさそうだ、という思いもある(〝観光立国〟とは半ば〝歴史立国〟に等しいはずで、しかも〝歴史立国〟は歴史の無闇な美化の対極にあるはずだが、そのことに気づいている人がどれだけ関係者にいるかは、いつも心もとない)。

かつて『ドラゴンクエスト』というゲームが、敵として一方的に殲滅《せんめつ》されてきたモンスターを、仲間にできるという進歩を遂げた。私にとっては革命的だった。京都も、これまでは天皇・廷臣・町人という定番のパーティで冒険してきた。しかし、敵と思って避けたり叩きのめしてきた武士が、仲間になりたそうな目でこちらを見ているかもしれない、と感覚を研ぎ澄ましてみると、やはり見ている。史実では、彼らは彼らだけの特殊能力(武力・財力や特殊な倫理観)で、冒険(京都の維持と成長)を支えてきた。彼らもパーティにいたはずだ、という観点で、古代から近現代までのありふれた京都の冒険物語の二周目をプレイしてみると、実は一周目で外面的に見えていたのとは全然違う物語だったのだ、ということに気づく(そういう見せ方を驚嘆とともに教えてくれた『ニーア・レプリカント』というゲームに、私は生涯敬意を払いたい)。長くて分厚い京都の歴史のことだから、そのような周回プレイで見つかる再発見が山ほど、発見されるのを待っている気がしてならない。

末筆ながら、本書読者の皆様と、本書執筆を支えて下さったすべての皆様、前著に続いて図版の加工利用を快諾して下さった山田邦和氏、そして本書執筆を慫慂《しょうよう》して下さった編集者の山北健司氏に、篤く御礼申し上げます。

主な参考文献

・伊東宗裕『京都古地図めぐり』(京都創文社、二〇〇一年)
・川上貢「南北朝期の内裏土御門殿とその小御所」(『〔新訂〕日本中世住宅の研究』、中央公論美術出版、二〇〇二年、初出一九五六年)
・川上貢「鎌倉時代後半期における洛外院御所の研究」(同前、初出一九六七年a)
・川上貢「鎌倉時代後半期における内裏と院御所の研究」(同前、初出一九六七年b)
・熊谷隆之「六波羅探題考」(『史学雑誌』一一三―七、二〇〇四年)
・近藤好和「武器からみた中世武士論」(『中世的武具の成立と武士』、吉川弘文館、二〇〇〇年、初出一九九七年)
・佐藤進一『日本の歴史 九 南北朝の動乱』(中公文庫、一九七四年、初出一九六五年)
・佐藤進一『日本の中世国家』(岩波現代文庫、二〇〇七年、初出一九八三年)
・清水亮「鎌倉幕府御家人役賦課制度の確立過程――東国御家人所領の把握と『恒例役』・『臨時役』」(『鎌倉幕府御家人制の政治史的研究』、校倉書房、二〇〇七年、初出一九九六・二〇〇二年)
・高橋慎一朗『中世の都市と武士』(吉川弘文館、一九九六年)
・髙橋典幸「御家人役研究の一視角」(『鎌倉幕府軍制と御家人制』、吉川弘文館、二〇〇八年、初出一九九九年)

・髙橋昌明「大内裏の変貌――平安末から鎌倉中期まで」(『院政期の内裏・大内裏と院御所』、文理閣、二〇〇六年)
・瀧浪貞子「初期平安京の構造――第一次平安京と第二次平安京」(『京都市歴史資料館紀要』一、一九八四年)
・登谷伸宏『近世の公家社会と京都――集住のかたちと都市社会』(思文閣出版、二〇一五年)
・中野栄夫「鎌倉時代における『公田』について」(『法政大学文学部紀要』二七、一九八一年)
・橋本義則『平安宮成立史の研究』(塙書房、一九九五年)
・原美鈴「『二条河原落書』について」(悪党研究会編『悪党と内乱』、岩田書院、二〇〇五年)
・兵藤裕己『太平記〈よみ〉の可能性』(講談社学術文庫、二〇〇五年、初出一九九五年)
・藤岡通夫「近世における内裏の変遷」(『〔新訂〕京都御所』、中央公論美術出版、一九八七年、初出一九五六年)
・細川重男「嘉元の乱と北条貞時政権」(『鎌倉政権得宗専制論』、吉川弘文館、二〇〇〇、初出一九九一年)
・桃崎有一郎「裏築地の起源・沿革・終焉と中世の里内裏」(『中世京都の空間構造と礼節体系』、思文閣出版、二〇一〇年)
・桃崎有一郎「北条時頼政権における鎌倉幕府年中行事の再建と挫折――理非と専制の礼制史的葛藤」(『鎌倉遺文研究』三七、二〇一六年a)
・桃崎有一郎『平安京はいらなかった――古代の夢を喰らう中世』(吉川弘文館、二〇一六年b)
・桃崎有一郎「鎌倉幕府垸飯儀礼の完成と宗尊親王の将軍嗣立」(『年報中世史研究』四一、二〇一六年c)

・桃崎有一郎「北条氏権力の専制化と鎌倉幕府儀礼体系の再構築――得宗権力は将軍権力簒奪を指向したか」(『学習院史学』五五、二〇一七年)
・桃崎有一郎「鎌倉末期の得宗家儀礼に見る長崎円喜・安達時顕政権の苦境――得宗空洞化・人材枯渇・幕府保守」(『日本史研究』六八四、二〇一九年)
・桃崎有一郎『室町の覇者 足利義満――朝廷と幕府はいかに統一されたか』(ちくま新書、二〇二〇年)
・桃崎有一郎『「京都」の誕生――武士が造った戦乱の都』(文春新書、二〇二〇年)
・百瀬今朝雄「元徳元年の『中宮御懐妊』」(『弘安書札礼の研究――中世公家社会における家格の桎梏』、東京大学出版会、二〇〇〇年、初出一九八五年)
・森茂暁『闇の歴史、後南朝――後醍醐流の抵抗と終焉』(角川ソフィア文庫、二〇一三年、初出一九九七年)
・山田邦和「院政王権都市嵯峨の成立と展開」(『日本中世の首都と王権都市――京都・嵯峨・福原』、文理閣、二〇一二年、初出二〇〇五年)

※本書はＪＳＰＳ科研費ＪＰ１６Ｋ１６９１１の助成を受けた研究成果の一部である。

桃崎有一郎 ももさき・ゆういちろう
1978年、東京都生まれ。2001年、慶應義塾大学文学部卒業。
2007年、慶應義塾大学大学院文学研究科後期博士課程単位取得退学。
博士(史学)。現在、高千穂大学商学部教授。
専門は、古代・中世の礼制と法制・政治の関係史。
著書に『「京都」の誕生』(文春新書)、
『室町の覇者 足利義満』『武士の起源を解きあかす』(ともにちくま新書)、
『平安京はいらなかった』(吉川弘文館)など。

NHK出版新書 625

京都を壊した天皇、護った武士
「一二〇〇年の都」の謎を解く

2020年6月10日 第1刷発行

著者 桃崎有一郎
発行者 森永公紀

発行所 NHK出版
〒150-8081 東京都渋谷区宇田川町41-1
電話 (0570) 002-247(編集) (0570) 000-321(注文)
http://www.nhk-book.co.jp (ホームページ)
振替 00110-1-49701

ブックデザイン albireo

印刷 新藤慶昌堂・近代美術

製本 藤田製本

Printed in Japan ISBN978-4-14-088625-0 C0221